Fontane | Unterm Birnbaum

Lektüreschlüssel XL

für Schülerinnen und Schüler

Dieses Buch wurde klimaneutral gedruckt.

Alle CO_2-Emissionen, die beim Druckprozess unvermeidbar entstanden sind, haben wir durch ein Klimaschutzprojekt ausgeglichen, das sich für den Regenwaldschutz in Papua-Neuguinea einsetzt.

Nähere Informationen finden Sie hier:

Klimaneutral
Druckprodukt
ClimatePartner.com/14058-1912-1001

Theodor Fontane

Unterm Birnbaum

Von Wilhelm Borcherding

Reclam

Dieser Lektüreschlüssel bezieht sich auf folgende Textausgabe:
Theodor Fontane: *Unterm Birnbaum*. Hrsg. von Philipp Böttcher.
Stuttgart: Reclam, 2021. (Reclam XL. Text und Kontext, Nr. 16116.)
Diese Ausgabe des Werktextes ist seiten- und zeilengleich
mit der in Reclams Universal-Bibliothek Nr. 19603.

E-Book-Ausgaben finden Sie auf unserer Website
unter www.reclam.de/e-book

Lektüreschlüssel XL | Nr. 15530
2021 Philipp Reclam jun. Verlag GmbH,
Siemensstraße 32, 71254 Ditzingen
Druck und Bindung: Kösel GmbH & Co. KG,
Am Buchweg 1, 87452 Altusried-Krugzell
Printed in Germany 2021
RECLAM ist eine eingetragene Marke
der Philipp Reclam jun. GmbH & Co. KG, Stuttgart
ISBN 978-3-015530-1

Auch als E-Book erhältlich

www.reclam.de

Inhalt

Inhalt

1. Schnelleinstieg

Autor	Theodor Fontane, geboren am 30. Dezember 1819 in Neuruppin, gestorben am 20. September 1898 in Berlin. Er gilt als bedeutendster deutscher Romancier des Realismus und wird häufig in einem Atemzug mit den anderen großen europäischen Realisten Flaubert und Tolstoi genannt.
Entstehungszeit	• 1883 erste Notizen zur Novelle • 1884 Vorarbeiten unter dem Titel *Fein Gespinnst, kein Gewinnst* • 1885 Abschluss unter dem Titel *Es ist nichts so fein gesponnen*, (Vor-)Abdruck in der Familienzeitschrift *Die Gartenlaube* und Buchausgabe unter dem Titel *Unterm Birnbaum*
Ort und Zeit der Handlung	• Die Handlung spielt in Tschechin im Oderbruch und beruht auf einem wirklichen Mordfall im Jahre 1836 in Letschin im Oderbruch, enthält allerdings auch fiktive Elemente. • Zeit der Handlung: November 1831 – Oktober 1833
Epoche	Realismus
Gattung	Kriminalnovelle
Aufbau	Die Erzählung besteht aus 20 Kapiteln.

Autor

Fontane hatte um 1880 durch seine Balladen und Reiseschilderungen bereits einen gewissen Bekanntheitsgrad erreicht. Sein Start als Romancier verlief allerdings nicht nach seinen Wünschen. Seinem Erstlingsroman *Vor dem Sturm* (1878) mit historischem Stoff folgte der ebenfalls historische Roman *Grete Minde* (1880), der auch Elemente des Kriminalromans (Kindesentzug, Brandstiftung und Mord) enthält. Seine erste Kriminalnovelle war *Ellernklipp*, in der ein Vater aus Eifersucht seinen Sohn tötet. Diese Erzählung aus dem Jahr 1881 beruht auf einer wahren Begebenheit. Nach einem Ehebruchsroman (*L'Adultera*, 1880) und einem Gesellschaftsroman (*Schach von Wuthenow*, 1882) kehrte er mit *Unterm Birnbaum* (1885) zur Kriminalnovelle zurück. Trotz häufig guter Kritiken blieben die Verkaufszahlen aller dieser Werke hinter den Erwartungen Fontanes zurück.

Fontanes Absicht

Fontane interessierte sich insbesondere für die gesellschaftlichen Strukturen und Stimmungen, die den Mord an einem Menschen ermöglichen und dessen Enthüllung behindern. Die Mentalität der Bewohnerinnen und Bewohner des Dorfes und ihre Einstellungen gegenüber der kirchlichen Autorität (Pfarrer) und den weltlichen Autoritäten (Ermittlungsbehörden) vermitteln ein Bild einer bornierten Dorfbevölkerung in einer ländlichen Provinz Preußens, die zu Neid, Lästereien, Besitzstreben und Prinzipienlosigkeit neigt.

Der Umgang der Tschechiner miteinander wird durch das öffentliche Ansehen bestimmt, das von den

Besitzverhältnissen und den Zeugnissen des materiellen Wohlstands sowie von der Zugehörigkeit zum protestantischen Glauben abhängig ist. Zum Teil herrschen im Dorf Aberglauben.

Der Schauplatz des Romans

In der Gaststube und im benachbarten Garten sowie der näheren Umgebung des fiktiven Ortes Tschechin findet das Geschehen statt. Der Autor lässt einige Figuren auftreten, die er nach ihm aus seinem früheren Wohnort Letschin bekannten Personen entworfen hat. Auch die konservativen und zum Teil naiven Denk- und Verhaltensweisen der Dorfbewohnerinnen und -bewohner entsprechen zum großen Teil seinen Erfahrungen aus den Kindheitstagen, die er in der Region verbracht hat.

Nebenhandlung

Die Entdeckung der etwa zwanzig Jahre im Garten der Hradschecks vergrabenen Leiche eines französischen Soldaten, dessen Todesumstände nie geklärt worden sind, deutet darauf hin, dass sich die Tschechiner Dorfgemeinschaft nicht gerne mit ihrer Vergangenheit auseinandersetzt: Eventuell fiel der Soldat einem Mord zum Opfer, und die Bewohnerinnen und Bewohner schützen die Beteiligten, die sich noch unter ihnen befinden könnten.

Die Protagonisten

Das Geschehen dominiert weitestgehend der Gastwirt und Dorfladenbesitzer Abel Hradscheck. Er ist aus dem Nachbarort nach Tschechin zugezogen, seine Ehefrau hingegen stammt ursprünglich aus einer entfernteren und katholisch geprägten Region. Das Ehepaar Hradscheck, insbesondere Ursel, wird von den alteingesessenen Einwohnerinnen und Einwohnern mit Argwohn beobachtet. Obwohl die beiden das Besitzstreben dieser Menschen verinnerlicht haben und ihm gemäß handeln, gelingt es ihnen nicht, sich öffentliches Ansehen im Dorf zu sichern. Dazu trägt das Verhalten Ursels selbst bei, die sich als wohlhabender darstellt, als es ihre finanzielle Situation (auch nach Mutmaßung der übrigen Bewohnerinnen und Bewohner) erlaubt. Misstrauen erregt sie insbesondere bei den Frauen des Dorfes, die sie auch wegen ihrer ehemaligen Zugehörigkeit zum katholischen Glauben immer noch als Fremde behandeln, obwohl sie längst zur evangelischen Kirche übergetreten ist.

■ Das Geschehen

Aufgrund ihrer hohen Ausgaben stecken die beiden Ehepartner in finanziellen Engpässen; der Bankrott ist ihnen angesichts des bevorstehenden Besuchs eines Schulden eintreibenden Handlungsreisenden fast sicher. Abel unterbreitet seiner Frau deshalb einen Plan, der jedoch (ebenso wie ein Großteil seiner Ausführung) in der Novelle ausgespart ist (S. 26). Darum können die Leserinnen und Leser ihn nur anhand der darauffolgenden Ereignisse rekonstruieren. Abel begleicht beim Handlungsreisenden Szulski zunächst seine Schulden, um ihn dann zu töten und das Geld wieder an sich zu bringen. Anschließend täuscht Ursel Szulskis Abreise und seinen anschließenden Unfall vor. Dank eines ausgefeilten Plans, der die Soldatenleiche im Garten involviert, gelingt es Abel, das Misstrauen der Nachbarinnen und Nachbarn zu zerstreuen und die Ermittlungen zum Erliegen zu bringen. Allerdings werden Ursels Schuldgefühle so groß, dass sie psychisch und körperlich erkrankt und stirbt. Abel richtet sich unter diesen veränderten Lebensumständen ein, beschließt aber schließlich aus Furcht vor seiner Entlarvung, die Leiche Szulskis aus dem Keller zu holen und in die Oder zu werfen. Aus Unachtsamkeit entfernt er ein Brett, das Ölfässer im Flur fixierte. Während seiner Ausgrabung im Keller rollt ein Ölfass auf die Falltür und versperrt ihm den Rückweg. Hradscheck wird am nächsten Tag tot im Keller gefunden. Aufgrund des freigelegten Arms Szulskis können die im Keller befindlichen Personen das Geschehen zumindest teilweise rekonstruieren.

Aufbau und Struktur

Die Novelle Fontanes bedient sich sowohl dem gängigen Schema einer Kriminalerzählung als auch dem der Detektivgeschichte. Sie erzählt, wie es typisch für das Genre der Kriminalerzählung ist, zunächst die Vorgeschichte einer Tat (Motive und Planung) und – zumindest andeutungsweise – den Hergang eines Verbrechens (Mord und dessen Vertuschung). Es folgt die Geschichte der Aufklärung (Spurensicherung und Befragung der Zeuginnen und Zeugen, Bewertung der Beweislage, Folgen für die Schuldigen), die das Mordgeschehen selbst weiter erhellt und der Gattung der Detektivgeschichte zuzuordnen ist. Doch steht, anders als für Detektivgeschichten üblich, nicht ein einzelner Ermittler im Mittelpunkt. Stattdessen erforschen mehr oder weniger engagierte und oft gemäß privaten Interessen handelnde Figuren den Fall – und das wenig erfolgreich. Die Leserinnen und Leser rekonstruieren den Mordfall nach und nach, weil sie immer mehr neue

Erkenntnisse über die Einzelheiten erlangen. Sie haben einen entscheidenden Wissensvorsprung vor den ermittelnden Figuren, denn die Vorgeschichte und Teile des Tathergangs sind ihnen aus den Anfangskapiteln schon bekannt.

Aufnahme durch das Publikum

Die Kriminalerzählung fällt beim zeitgenössischen Publikum durch. Zwar unternimmt Fontane mit dem *Quitt* noch einmal einen letzten Versuch, um mit einem Kriminalroman endlich zu einem literarischen Erfolg zu kommen, aber sowohl die verlegerischen Interessen als auch die ohnehin nicht besonders hohen Erwartungen des Autors bleiben unerfüllt. Fontane zieht die Konsequenzen und beginnt mit dem Verfassen von gesellschaftskritischen Novellen und Romanen, in denen er auf Elemente einer Kriminalerzählung verzichtet.

2. Inhaltsangabe

In einem kurzen Zeitraum von nur zwei Jahren geschieht in dem kleinen Ort Tschechin eine Reihe von unerhörten Begebenheiten. Die Novelle beginnt im November 1831 mit Ausführungen zur Lebenssituation des Ehepaares Hradscheck und zum Dorfleben in Tschechin – und mit einem Mord, der zunächst allerdings nur angedeutet bleibt: Der Handlungsreisende Szulski, der beim Dorfladen- und Gasthofbesitzer Abel Hradscheck Geld eintreiben soll, verunglückt nach seinem Besuch im Dorf angeblich; seine Leiche wird jedoch nicht gefunden. Da sich die Hradschecks zuvor über ihre Geldnöte und eine mögliche Lösung dieses Problems besprechen, ahnen die Leserinnen und Leser bereits, dass es sich beim angeblichen Unfall Szulskis um ein Verbrechen der beiden handeln könnte, auch wenn die Details ihres Planes im Text ausgespart bleiben. Das Verschwinden Szulskis, dessen Abreise und den Unfall mit seiner Kutsche täuscht das Ehepaar Hradscheck vor, und Abel gelingt es, die Tat vor der Dorfgemeinschaft zu verbergen und den Ermordeten in seinem Keller zu verscharren. Ein paar Wochen später soll der Fall Szulski aufgeklärt werden, nachdem sich Gerüchte über eine mögliche Schuld Abel Hradschecks verbreiten. Seine Nachbarin hat in der Mordnacht verdächtige Tätigkeiten in seinem Garten wahrgenommen. Man nimmt Hradscheck in Untersuchungshaft, gräbt unter einem Birnbaum in seinem Garten und stößt auf eine Leiche, bei der es

■ Übersicht: Ereignisse vom November 1831 bis Oktober 1833

sich allerdings um einen gefallenen französischen Soldaten handelt, der während der Befreiungskriege um 1813 womöglich ermordet und dort vergraben worden ist. Die wenig beliebte Frau des Verdächtigen, Ursel Hradscheck, stirbt nur wenige Monate nach der Einstellung der Nachforschungen und Hradschecks Haftentlassung. Der Rehabilitierte wähnt sich in Sicherheit, wird aber verunsichert, als seine Nachbarin das Gerücht über einen Spuk in seinem Keller streut. Um sicherzugehen, dass er bei möglichen weiteren Nachforschungen nicht als Täter entlarvt wird, will er den Ermordeten in die Oder werfen. Auf mysteriöse Weise findet Hradscheck in seinem Keller bei der Exhumierung der Leiche Szulskis im Oktober 1833 den Tod, nachdem er sich darin versehentlich eingeschlossen hat. Erst als man in der Nähe des Toten die Leiche des Ermordeten findet, können die Anwesenden die Ereignisse zumindest teilweise rekonstruieren und nachvollziehen.

Kapitel I: Abel Hradscheck genießt, nachdem er seinen Angestellten mit Rapssäcken auf den Weg zu einer Ölmühle verabschiedet hat, für einen Augenblick die Idylle in seinem Garten. Als er in die mit teurem Mobiliar ausgestattete Wohnstube zurückkehrt, trifft er dort auf seine gut gekleidete Frau Ursel. Sie erinnert ihn daran, dass ihre gemeinsamen Kinder vor sieben Jahren starben und flicht anlässlich ihres Sterbetags Trauerkränze. Abel kann ihre Trauer nicht nachempfinden, ihn treiben andere Sorgen um. Ursel nennt vorwurfsvoll einige der Gründe: Abel verliert sehr viel Geld beim Spiel und er trinkt. Nachdem Abel seine Frau kurz liebkost, konkretisiert er seine Geldsorgen: Der Besuch eines Handlungsreisenden, dessen Firma Hradscheck Geld schuldet, steht an. Als Begründung für seine Glücksspielerei führt er an, dass er seine Frau und sich »retten möchte« (S. 13).

Geldsorgen aufgrund von Spiel- und Trunksucht

Kapitel II: Hradscheck hat auch bei der jüngsten Lotterie kein Glück, so dass er beginnt, andere Pläne für die Überwindung seiner Geldsorgen zu schmieden. In der Gartenarbeit sucht und findet er Ablenkung. Dabei trifft Abel auf Mutter Jeschke, eine alte Kräuterfrau, die er argwöhnisch betrachtet und als »[a]lte Hexe« (S. 19) bezeichnet. Als er nach dem Gespräch weitergräbt, stößt er auf die Leiche eines Soldaten. Während seiner Überlegungen, wie er mit dem Fund verfahren soll, entwickelt er einen in der Erzählung nicht näher beschriebenen Plan, den er nun Ursel unterbreiten will, weil er zu seiner Ausführung ihre Hilfe braucht. Er ist sich ihrer Zustimmung zunächst nicht sicher, meint sie dann aber zum Mitmachen zwingen zu können, weil sie, genauso wie er selbst, die Armut fürchte.

Nur nicht arm sein

Kapitel III: Der Gastwirt wendet sich an seine auffällig gut gekleidete Frau, die damit beschäftigt ist, für den Dorfpfarrer ein Geschenk zu sticken. Die beiden streiten sich ein wenig über die Religiosität Ursels: Während Abel betont, dass Ursel dem Pfarrer, der ihr Konvertieren zum Protestantismus möglich gemacht hat, viel zu verdanken habe, meint Ursel, dass die protestantische Dorfgemeinschaft inklusive des Pfarrers gar nicht religiös sei. Der Streit wird heftiger, als Abel ihr vorhält, durch die Ausgaben, die durch ihren kostspieligen vornehmen Lebenswandel entstehen, seine Geldsorgen zu verursachen. Sie widerspricht ihm, indem sie ihre Vorwürfe bezüglich seines Glücksspiels, seiner mangelnden kaufmännischen Fähigkeiten und seines Alkoholkonsums erneut vorbringt und ihn an ihre Entbehrungen während der Erziehung und der Sorge für die Kinder erinnert. Abel kontert ihre Vorhaltungen mit dem Hinweis auf ihren Hochmut und ihr Streben, etwas Besonderes zu sein. Sie stimmen schließlich darin überein, dass sie die drohende Armut verhindern wollen. Als Hradscheck ihr dann seinen Plan dazu vorstellt, der im Text weiterhin ausgespart bleibt, winkt sie zunächst ab, willigt aber am Ende ein.

- Ursel stimmt dem Plan trotz erheblicher Bedenken zu

Kapitel IV: Hradscheck erhält, als er sich gerade mit einigen Bauern beim Kegeln befindet, einen Brief. Dessen Versand, so können die Leserinnen und Leser mutmaßen, hat Hradscheck selbst organisiert, um nach der Ausführung seines Mordplans keinen Verdacht aufkommen zu lassen, denn er erhält so die Gelegenheit, den anwesenden Bauern vorzuspiegeln, dass Ursel eine Erbschaft antreten soll (er kann also demonstrieren, dass er keine Geldsorgen habe). Die Abreise Ursels, die (vermutlich nach den Planungen ihres Ehemanns) so tut, als hole sie das geerbte Geld, veranlasst einige Frauen, über das »Vornehmtun« (S. 8) Ursels und über Abels Überheblichkeit zu spotten. Auch nach Ursels Rückkehr wollen die Gerüchte

- Vorbereitungen auf die Mordtat

und Spekulationen zur Erbschaft der Hradschecks nicht verstummen. Alle Bemühungen, Licht ins Dunkle zu bringen, scheitern. Ein weiterer Brief heizt die Diskussionen unter den Dorfbewohnerinnen und -bewohnern noch an. Was sie aber nicht erfahren, ist, dass es sich um eine Ankündigung des Handlungsreisenden Szulski und zugleich um eine Aufforderung an Hradscheck handelt, die finanziellen Forderungen der von Szulski vertretenen Firma zu begleichen. Die Ehepartner überlegen, wie sie das notwendige Geld beschaffen können, das sie planen, Szulski auszuhändigen. Jeder Partner reagiert auf die bevorstehende Ausführung des Mordplans anders. Hradscheck treibt im Laden mit den Einkäuferinnen unbeschwert seinen Spaß, während Ursel von Nervosität erfasst wird.

Kapitel V: Ende November erreicht Szulski bei widrigen Witterungsbedingungen den Gasthof in Tschechin. Eine Stunde nach seinem Eintreffen übergibt Abel ihm in Gegenwart von Zeugen die geforderte Summe. Bei einem Glas Wein berichtet Szulski dann über die Niederschlagung des polnischen Widerstands gegen die russischen Invasoren. Die anwesenden Bauern folgen gebannt seinen Ausführungen.

Begleichung der Forderungen

Kapitel VI: Um Mitternacht verlässt Szulski die Runde, um sich in der Giebelstube Hradschecks schlafen zu legen. Auch die Bauern kehren heim. Nach starkem Regen kommt nun ein starker Sturm auf, der die alte Jeschke weckt und sie nach dem Rechten sehen lässt. Dabei nimmt sie Licht bei den Hradschecks

Unerklärliche Wahrnehmungen

wahr, kann jedoch nicht erkennen, ob es aus dem Gasthof oder dem Keller dringt. Schließlich gewahrt sie Hradscheck, der für sie gut sichtbar nach draußen tritt, ein Loch in die Erde gräbt, um es bald darauf wieder zuzuschütten Die alte Jeschke schöpft den Verdacht, dass Hradscheck jemanden getötet und verscharrt haben könnte.

Kapitel VII: Der Angestellte Hradschecks, Jakob, erscheint, wie am Abend zuvor vereinbart, vor Szulskis Gästezimmer, um ihn um vier Uhr früh zu wecken. Jakob kommt es zwar seltsam vor, dass der Handlungsreisende auf den Weckruf nicht antwortet, er geht aber, ohne weiter abzuwarten, in die Küche. Draußen muss er einige Zeit warten, bis (der vermeintliche) Szulski, gehüllt in einen Pelzmantel und eine Mütze, erscheint und, ohne mit ihm zu reden, auf die vorbereitete Kutsche aufsteigt und davonfährt. Obwohl Jakob diese Merkwürdigkeiten wahrnimmt, schöpft er keinen Verdacht.

Die Abreise am Morgen

Kapitel VIII: Um die Mittagszeit erhält Hradscheck vom Amtsrat die Nachricht, dass eine Pferdekutsche unweit von Tschechin in der Oder liege und Nachforschungen über den ›Unfall‹ angestellt werden müssten. So treffen kurz darauf einige Bauern und Hradscheck an der Unglücksstelle ein. Der Verdacht wird zur Gewissheit: Es handelt sich um Szulskis Kutsche, von ihm selbst fehlt jede Spur. Auf der Suche nach ihm findet man lediglich seine Pelzmütze. Aufgrund des schlechten Wetters stellen die Beteiligten die Suche ein, und der Amtsrat Schulze Woytasch

Suche nach Szulski ohne Erfolg

kündigt an, dass er den Gendarmen Geelhaar weiter nach dem verschwundenen Szulski suchen lassen will.

Kapitel IX: In Tschechin kursieren in den nächsten Wochen Gerüchte zum Verschwinden Szulskis. Die Hradschecks werden verdächtigt, Szulski ermordet zu haben. Deshalb startet der Justizrat Vowinkel am 7. Dezember erste Ermittlungen. Er zieht beim Pfarrer Eccelius Auskünfte zum Vorleben der Eheleute Hradscheck ein. Der stellt beiden ein gutes Zeugnis aus. Bevor der Pfarrer genauer zu Abels und Ursels Vergangenheit Stellung bezieht, weist er darauf hin, dass die Dorfbewohnerinnen und -bewohner die Eheleute verleumden und sie beneiden. Besonders stellt er das Schicksal Ursels heraus, die von ihrem Vater verstoßen worden sei und in dieser Situation Unterstützung durch Abel erfahren habe. Er könne bezeugen, »dass es wohlanständige Leute sind« (S. 59). Ausdrücklich lobt er am Ende seines Entlastungsbriefes Ursel für ihren Übertritt zum evangelischen Glauben.

Neue Verdachtsmomente und Untersuchungshaft

Aber die Gerüchte wollen trotz allem nicht verstummen. Der Nachtwächter Mewissen hat Ursel zur Zeit des Unglücks in der Nähe der Unfallstelle gesehen. Diese Aussage veranlasst Vowinkel, die Ermittlungen, ohne Aufsehen erregen zu wollen, wieder aufzunehmen. Dazu lässt er Eccelius die Dienstleute Hradschecks vernehmen. Die ersten beiden Verhöre bringen keine neuen Erkenntnisse, Jakobs Wahrnehmungen (›Szulski‹ sei ihm klein vorgekommen und die Wortlosigkeit habe ihn verwirrt) verstärken allerdings bei Vowinkel den Verdacht. Er will ein Verfahren gegen Abel eröffnen und ihn wegen Verdunkelungsgefahr in Haft nehmen.

Kapitel X: Obwohl Hradscheck Mitte Dezember verhaftet wird, ziehen sich die Untersuchungen bis Mitte Januar 1832 hin. Die Bewohnerinnen und Bewohner des Dorfes zeigen sich indessen äußerst wankelmütig: Haben ihre Spekulationen überhaupt erst dazu geführt, dass die Ermittler das Verschwinden Szulskis genauer untersuchen und Hradscheck des Mordes verdächtigen, sind sie jetzt unzufrieden mit den Ermittlungsbehörden und vor allem mit der Bewertung der Zeugenaussagen der Angestellten Ede, Male und Jakob. Man hofft, dass die Anklage aus Mangel an Beweisen fallen gelassen wird. Auch Ursel stärkt durch ihre Verhaltensweisen die Sympathien der Dorfbewohnerinnen und -bewohner für ihre und Abels Belange. Sie lehnt einen Besuch ihres Mannes im Gefängnis ab und will stattdessen am kirchlichen Abendmahl teilnehmen und Gott bitten, die Unschuld Abels zu erweisen. Nur der Gendarm Geelhaar besteht aus alter Feindschaft weiter auf einer Schuld Hradschecks. Er begibt sich zur alten Jeschke, um sie auszuhorchen. Diese beschreibt ihm ausführlich ihre Wahrnehmungen im Garten Hradschecks während der Sturmnacht, seit der Szulski verschwunden ist. Ihre Aussagen befeuern Geelhaars Absichten, Abel »ans Messer« (S. 68) zu liefern, weshalb er sich beeilt, sie seinen Vorgesetzten zu melden.

■ Entlastungs- und neue Verdachtsmomente

Kapitel XI: Am nächsten Tag erscheint eine Kutsche mit dem Justizrat und Abel Hradscheck. Nachdem sich ein größerer Kreis von Schaulustigen in der Nähe von Hradschecks Garten eingefunden hat, beginnen die Totengräber mit der Suche nach der Leiche, die dieser nach den Beobachtungen der Jeschke unterm Birnbaum vergraben haben könnte. Der Totengräber legt schließlich die Leiche eines Soldaten frei und überzeugt so alle Umstehenden davon, dass der Tote nicht der gesuchte Szulski sein kann. Der Justizrat spricht daraufhin Abel Hradscheck vom Mordverdacht frei, will ihn jedoch in Untersuchungshaft behalten, um auch noch die letzten Verdachtsmomente auszuräumen. Gendarm Geelhaar und die alte Jeschke sind jedoch nach wie vor von der Schuld Hradschecks überzeugt. Jeschke vermutet, dass Hradscheck zwar aus der Untersuchungshaft entlassen werden wird, sie ist aber der Überzeugung, dass das letzte Wort in dieser ominösen Geschichte noch nicht gesprochen worden ist.

■ Die Leiche im Garten ist nicht Szulskis Leiche

Kapitel XII: Nach einer Woche sind alle Untersuchungen abgeschlossen und die Unschuld Hradschecks scheint erwiesen zu sein, denn er hat eine plausible Erklärung für sein merkwürdiges von der Jeschke beobachtetes Verhalten vorgetragen. Doch zu Hause erwartet ihn eine böse Überraschung: Ursels Aussehen hat sich radikal verändert, sie ist in den wenigen Wochen seiner Abwesenheit stark gealtert und wirkt sehr krank. Am Sonntag nutzt der Pfarrer die Gelegenheit, mit seinen Gemeindemitgliedern öf-

■ Sorge um Ursel

fentlich ›abzurechnen‹. Er hält ihnen vor, dass sie mit ihren Vorverurteilungen den Hradschecks erhebliches Leid und Unrecht zugefügt haben. Auch Line ist von den Vorhaltungen des Pfarrers betroffen und schämt sich für ihre Tante, die mit ihren Verdachtsmomenten (vermeintlich) falsch lag.

Mutter Jeschke lässt nicht locker

Kapitel XIII: Mutter Jeschke hat zwar nach wie vor Zweifel an Hradschecks Unschuld, spricht diese aber nicht mehr öffentlich aus. Statt dem Verschwinden Szulskis beschäftigt nun die Geschichte des französischen Soldaten die Dorfbewohnerinnen und -bewohner. Dazu trägt auch die Absicht Abels bei, ihm in seinem Garten eine Grabstätte zu errichten und ihn nicht auf dem Friedhof beisetzen zu lassen. Dieses Vorhaben beeindruckt die Bauern. Hradschecks Stimmung bessert sich zusehends: Er schmiedet Pläne, sein Haus umzubauen. Seine Heiterkeit dauert an, bis Ede im Keller einen Knopf von Szulskis Pelzmantel findet und Abel notgedrungen und sichtbar nervös nach einer glaubwürdigen Erklärung suchen muss. Während er sich noch über Jakob und über seine eigene Unachtsamkeit ärgert, stößt er auf Mutter Jeschke. Als sie über den Umbau des Kellers sprechen, versucht die Alte wieder, Abel zu provozieren. Der reagiert empört auf ihre neuerlichen Zweifel an seiner Unschuld und droht ihr mit einer Verleumdungsklage.

Kapitel XIV: Während die Redereien über Abel weiter abnehmen, er geschäftlich erfolgreich ist und der Umbau des Hauses voranschreitet, wachsen seine

Sorgen um Ursel. Bald spricht ganz Tschechin davon, dass Ursel dem Tod nahe ist. Aber sie verdrängt es und verspricht sich von der Fertigstellung des Umbaus eine deutliche Besserung ihres Gesundheitszustands. Die Spannungen unter den Eheleuten nehmen jedoch zu, und nicht selten erinnert sich Ursel an die Vorgänge um Abels vorherige Geliebte. Ende August ist der Umbau beendet und Ursel bezieht ihr neues Zimmer. In das zuvor für sie vorgesehene Zimmer will sie nicht einziehen, vermutlich weil Szulski darin umgebracht worden ist. Mit dem Umzug tritt die erhoffte Besserung Ursels ein. Aber bereits Mitte September verschlechtert sich ihr Zustand wieder rapide. Der hinzugezogene Arzt sieht keine Hoffnung mehr auf Genesung. Unmittelbar vor ihrem Tod kommt es zu einer Aussprache zwischen den Eheleuten. Ursel bemüht sich um ›Wiedergutmachung‹, indem sie (gemäß katholischer Tradition) Seelenmessen für den ermordeten Szulski lesen lassen will. Abel muss ihr versprechen, dass er das Geld für die Messen anonym an den Bischof schicken wird. Er will Ursel zwar noch von diesem Gedanken abbringen, doch sie lebt schon nicht mehr.

Ursels Tod

Kapitel XV: Ursel ist am 30. September 1832 gestorben. Während die Bauern gegenüber Abel ihr Beileid bekunden, tratschen andere immer noch schlecht über Ursel. Wichtiger erscheint vielen aber die Frage, wen Abel jetzt heiraten wird. Die Beisetzungsfeierlichkeiten nutzt Eccelius noch einmal für eine Parteinahme für die Verstorbene. Zunächst lobt er deren

Die Beerdigungsfeierlichkeiten

Übertritt zum evangelischen Glauben, dann ihr ›weises‹ Verhalten in der Schuldfrage ihres Mannes. Die mahnenden Schlussworte richtet er an all jene, die es ihr durch ihre Verleumdungen in der Sache Szulski so schwer gemacht hätten. Unter den Schaulustigen befindet sich auch die alte Jeschke. Nach dem Ende der Trauerfeier trifft sich die Trauergemeinde im Gasthof, wo neben weiteren Beileidsbekundungen auch Spekulationen bezüglich einer Wiederverheiratung Abels zu hören sind. Als sich die Versammlung aufgelöst hat, begibt sich Abel in Ursels Sterbekammer. Auf dem Weg zurück in die Wirtsstube sieht er Male beim Beziehen des Bettes in der Kammer, die Ursel zunächst zugedacht worden war. Males Aussage, dass »[w]edder een mit'n Pelz« [wieder einer mit einem Pelz] (S. 108) angekommen ist, erinnert Abel daran, dass das Verschwinden Szulskis die Leute nach wie vor beschäftigt.

Kapitel XVI: Abel hat Probleme, seine Versprechen an Ursel bezüglich der Geldspende für die Seelenmessen zu halten: Er fürchtet sich davor, dass die Geldsendung, auch wenn er sie anonym verschicken würde, neue Verdächtigungen hervorrufen könnte. Er sucht Rat bei Eccelius, dem er mitteilt, Ursel hätte sich Seelenmessen für sich selbst gewünscht. Abel hofft auf »Gewissensbeschwichtigung« (S. 109) vonseiten des protestantischen Eccelius, von dem er sich sicher sein kann, dass er die katholische Tradition der Seelenmessen ablehnt. Dieser rät ihm auch prompt, Ursels Wunsch nicht nachzukommen und das Geld stattdessen für die Beschaffung eines Grabkreuzes zu verwenden. Der Pfarrer versäumt es nicht, noch einmal seine Wertschätzung Ursels zu betonen und seine Enttäuschung über seine eigene Fehleinschätzung und über ihre »Rückfälle« (S. 109) kundzutun. Die Inschrift des Kreuzes, die auf Eccelius' Vorschlag hin eingraviert worden ist, spiegelt diese Enttäuschung wider. Auf dem Rückweg vom Friedhof, wo sie sich das Grabkreuz angesehen haben, tauschen Geelhaar und die alte Jeschke ihre Vermutungen über die Wahl der Grabstätte aus. Als Geelhaar sich fragt, warum Abel darauf gedrängt hat, Ursel nicht bei ihren Kindern zu begraben, antwortet ihm die »Hexe« (S. 17) gemäß ihrer abergläubischen Überzeugung: Sie vermutet, dass Abel befürchtet, Ursel könnte ihre unschuldigen Kinder mit in die Hölle nehmen.

Die (Wahl der) Grabstätte

Kapitel XVII: Nach nur zwei Tagen ›Trauerarbeit‹ kehrt Abel zu seiner alten Geselligkeit zurück. In regelmäßigen Abständen fährt er nach Frankfurt oder Berlin und besucht dort vor allem das Theater. Zurück in Tschechin, berichtet er über das Gesehene und imitiert sogar die Figuren und gibt Lieder zum Besten, was die Dorfbewohnerinnen und -bewohner begeistert aufnehmen. Als sich Abels Aufenthalte in der Stadt in die Länge ziehen, leitet Ede zu Hause die Geschäfte. Bei einem Rundgang durch den Garten trifft er auf die alte Jeschke. Diese nutzt das Treffen, um dem naiven Jungen Angst einzujagen und seinen Aberglauben zu fördern: Sie flüstert ihm ein, in Abels Keller spuke es. In Berlin hat Abel unterdessen eine zu

Spuk im Keller

ihm passende Frau kennengelernt, die er auch heiraten will. Als er zurück in Tschechin ist, gibt Abel wieder eine Geschichte zum Besten. Dabei wird von den anwesenden Gästen viel Wein getrunken, so dass Ede Nachschub aus dem Keller holen soll. Der weigert sich aber aus Furcht vor dem Spuk. Auch Male beugt sich nicht der Aufforderung Abels. Dieser macht sich über die beiden lustig und gibt sich gelassen, vermutlich um keine neuen Verdachtsmomente zu erregen. Er lädt einige Gäste ein, mit ihm einen größeren Vorrat an Weinflaschen aus dem Keller zu holen. Unter dem Gejohle der Gäste wird Abels Vorschlag umgesetzt.

Kapitel XVIII: Nach der durchzechten Nacht erholt sich Abel am Morgen in seinem Garten. Dabei erinnert er sich an alte Fantastereien der Jeschke. Als er sie gleich darauf trifft, berichtet er ihr von den Ereignissen in der vorausgegangenen Nacht und bittet sie um ihre Meinung zum Spuk. Die »alte Hexe« drückt sich um die erwünschte eindeutige Stellungnahme herum: Ob sie tatsächlich an den Spuk glaubt oder nicht, verschleiert sie. Sie beendet die Unterhaltung mit dem Hinweis, dass Line zu Besuch kommen wird. Die alte Jeschke würde nur zu gern in die Rolle der Kupplerin schlüpfen.

■ Jeschke und der Spuk

Kapitel XIX: Die wenig ergiebige Auskunft der alten Jeschke zum Spuk hat Abel so in Aufruhr versetzt, dass er beschließt, die Leiche Szulskis umzubetten: Er hat Sorge, dass Edes abergläubische Furcht und Jeschkes subtile Andeutungen seiner Schuld dazu führen werden, dass erneut gegen ihn ermittelt wird.

■ Die Leiche Szulskis muss weg

Die Leiche will er aus seinem Keller holen und in die Oder werfen. Um bei dieser Aktion unsichtbar zu sein, erinnert er sich an ein altes Rezept der Jeschke, die auch in Abel einen Aberglauben geweckt hat. Nachdem Abel seine abendliche Gesellschaft verabschiedet hat, probiert er Jeschkes Rezept aus und überzeugt sich von dessen Unwirksamkeit, hält aber an der Ausführung seines Planes fest. Dazu will er das Licht im Keller reduzieren, damit die alte Jeschke seine Aktivitäten darin nicht verfolgen kann. Um sicherzugehen, sucht er nach einem Brett, mit dem er das Kellerfenster abdunkeln kann. In seiner Nervosität entfernt er das Brett, das das Auseinanderrollen der im Flur aufgestapelten Fässer verhindern soll.

Kapitel XX: Am nächsten Morgen herrscht große Unruhe unter dem Dienstpersonal, weil Abel verschwunden ist. Alle Suche ist vergeblich, bis Ede das Ölfass entdeckt, das bis auf die Falltür zum Keller vorgerollt ist. Die Herbeigerufenen, Woytasch, Kunicke und Geelhaar, öffnen die Falltür und steigen in den Keller hinunter. Hradscheck liegt tot vor dem Weinkeller, die halb ausgebuddelte Leiche Szulskis direkt dahinter. Nach der Beratung, was mit der Leiche Abels geschehen soll, beschließen die Anwesenden sowie der hinzugekommene Eccelius, ihn abseits der anderen Gräber auf dem Kirchhof zu begraben, bevor sie den Ort des Geschehens rasch wieder verlassen. Geelhaar, der dort verblieben ist, trifft im Garten wieder auf die alte Jeschke, und sie freuen sich gemeinsam darüber, dass sie am Ende Recht behalten haben und

Hradschecks Ende

Hradscheck schuldig war. Eccelius notiert am darauffolgenden Tag nach dem Begräbnis im Kirchenbuch die Beisetzung und versieht den Eintrag mit einem kurzen Hinweis auf Abels Mord und auf sein listiges Ausräumen aller Verdachtsmomente. Abels Tod deutet er als Bestrafung Gottes für sein Vergehen. Am Ende sieht der Pfarrer in den jüngsten Ereignissen ein bekanntes Sprichwort bestätigt: »Es ist nichts so fein gesponnen, s' kommt doch alles an die Sonnen.« (S. 139)

3. Figuren

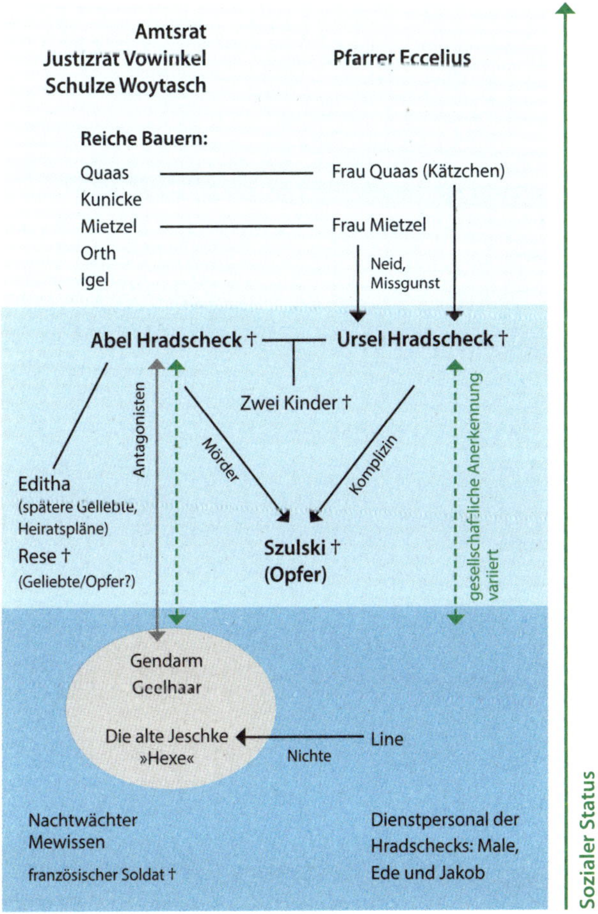

Abb. 1: Figurenkonstellation

Figurenkonzeption

Zur Konzeption seines Figurenensembles schreibt Fontane im November 1885: »Dass keine schöne, herzerquickliche Gestalt darin ist, wer dies auch gesagt haben mag, ist richtig und keine üble Bemerkung«.[1] Diese Aussage lässt die Figuren in keinem guten Licht erscheinen und bereitet die Leserinnen und Leser darauf vor, was sie zu erwarten haben. Die Reihenfolge der folgenden Charakterisierungen ergibt sich aus dem Dreieck aus Täter, Opfer und Zeugen, hinzu kommen die Ermittler sowie die ›Schaulustigen‹ (die Dorfbewohnerinnen und -bewohner, die das Geschehen aufmerksam verfolgen). Den größten ›Schurken‹ stellt Abel Hradscheck dar, der später als Mörder entlarvt wird.

Die Täter

Abel Hradscheck

■ Herkunft und junge Lebensjahre

Über die ersten drei Jahrzehnte im Leben Abel Hradschecks, die vor seiner Ehe mit seiner Frau Ursel liegen, informiert uns der Brief des Pfarrers an den Justizrat Vowinkel (S. 58–60). Abel ist der Sohn eines

1 Theodor Fontane, Brief an Georg Friedländer vom 16. November 1885, in: T. F., *Werke, Schriften und Briefe*, hrsg. von Walter Keitel und Helmuth Nürnberger, Abt. IV: *Briefe*, Bd. 3: *1879–1889*, hrsg. von Otto Drude [u. a.], München 1980, S. 436.

einfachen Zimmermanns aus Böhmen und wurde in Neu-Lewin geboren. Wie der Vater ergreift auch der Sohn den Beruf des Zimmermanns, den er längere Zeit in Berlin ausübt. Diese Tätigkeit lässt ihn jedoch nicht glücklich werden, und so eröffnet er bei seiner Rückkehr nach Neu-Lewin nach fünfzehn Jahren einen Kramladen. Das Geschäft geht zunächst gut, aber die Liebe zu »Rese« (S. 25), einer jungen Frau aus dem Dorf, stürzt ihn in Schwierigkeiten. Er schließt den Laden wieder und macht sich auf den Weg nach Holland, um von dort nach Amerika auszuwandern. In der Dorfherberge nahe dem katholischen Hildesheim lernt er Ursel, Tochter des Herbergsvaters, kennen, die von diesem verstoßen wird. Hradscheck verliebt sich sofort in sie. Er gibt seine Auswanderungspläne auf und heiratet Ursel. Sie ziehen dann gemeinsam nach Tschechin, und ihre Ehe erlebt Höhen und Tiefen. Der Pfarrer lässt durchblicken, dass über Abel in letzter Zeit nicht nur ausschließlich Gutes zu berichten sei.

Die Ursachen der ökonomischen Krise

Genaueren Einblick in die finanzielle Situation der Eheleute erhalten die Leserinnen und Leser gleich zu Beginn der Novelle. Auf Drängen Ursels hat Abel einen Umbau des Hauses vornehmen lassen (S. 8), der vermutlich viel Geld verschlungen hat, ebenso wie die vornehme Einrichtung des Wohnzimmers (S. 23 f.). Zudem pflegt Ursel viel Geld für ihre Kleidung und ihre Toilette auszugeben. Neben Abels Hang zum Glücksspiel und zum Alkohol (S. 6 f.), seinen mangelnden Fähigkeiten als Kaufmann (S. 22) und den

Zahlungen an eine ehemalige Geliebte Abels hat dies zur finanziellen Schieflage des Ehepaars geführt. So kommt es später zu mehreren Auseinandersetzungen zwischen den Eheleuten. In Abels raschem Verwerfen seiner Auswanderungspläne, seinem Ergreifen eines Berufs, in dem er keine Expertise hat, dem Erwerb eines Mobiliars für Ursel, das die finanziellen Möglichkeiten des Paares übersteigt, und seinem verzweifelten Glücksspiel werden bereits eingangs einige zentrale Charakterzüge der Figur deutlich: Abel neigt zu Spontaneität und Unüberlegtheit, aus Liebe zu seiner Frau agiert er wenig vorausschauend und hat damit Anteil an der prekären finanziellen Situation des Paares.

Ebenso wie Ursel fürchtet sich auch Abel vor der drohenden Armut und spinnt daraufhin Mordpläne, die nach seinem Fund der Soldatenleiche konkreter werden. Es werden hier weitere Charakterzüge Abels deutlich, und die Figur gewinnt in zweifacher Hinsicht an Ambivalenz: Zum einen wird anhand seines nun ausgefeilten, planvollen Handelns (seines absichtlich auffälligen Grabens im Garten, des Vortäuschens der Erbschaft usw.) ersichtlich, dass Abel durchaus zu Überlegtheit und Weitsicht in der Lage ist, zum anderen tritt er als gewiefte, brutale, nicht mehr allein gutmütige und liebevolle Figur in Erscheinung: Er schafft nunmehr eiskalt planend die Voraussetzungen, um den Mord in die Tat umzusetzen, und er überlegt, wie er seine Frau, der er zuvor gutmütig ihre kostspieligen Wünsche erfüllte, zu ihrer Unter-

■ Vom liebenden Ehemann zum eiskalten Mörder

stützung am Mord »zwing[en]« (S. 19) kann. Es sind niedrige Beweggründe, die ihn zum Mord an Szulski motivieren. Mit Vorsatz und aus Habgier und Egoismus tötet er Szulski und vergräbt dessen Leiche im Keller.

Während sich Ursels Gesundheitszustand infolge der Tat rasch verschlechtert, verfügt Abel selbst über stärkere Nerven (S. 35), und ihm gelingt bisweilen eine große Selbstbeherrschung: Scheinbar gleichgültig beteiligt er sich an der Suche nach Szulski; spätere Verdachtsmomente kann er durch ausgefeilte Erklärungen glaubwürdig zerstreuen und sich – etwa durch den Vorschlag, dem Soldaten in seinem eigenen Garten ein Grab zu errichten – in der Nachbarschaft erneut beliebt machen.

■ Starke Nerven

Sein überwiegend unbekümmertes Verhalten (»Ihn ficht nichts an …« [S. 99]), ruft bei Ursel Zweifel hervor, ob Abel nicht auch seine frühere Geliebte Rese getötet hat. Mit diesem Verdacht steht sie nicht allein da, denn auch Frau Mietzel hat einen ähnlichen Verdacht geäußert (S. 31 f.). Ursel beginnt sich vor ihrem Mann zu ängstigen.

■ Hat Abel schon einmal gemordet?

Doch bleibt Abel nicht durchgehend so ruhig; bisweilen wird er auch von der Angst heimgesucht, als Mörder Szulskis entdeckt zu werden: Als Buggenhagen ihm vorschlägt, den Keller auszuschachten, vermutet er zunächst, der Zimmermann könnte Verdacht gegen ihn hegen und »[wechselt] die Farbe« (S. 91); ebenso wird er »kreideweiß« (S. 92), als Ede ihm den im Keller gefundenen Knopf überreicht.

■ Angst, als Mörder entlarvt zu werden

Auch das unachtsame Entfernen des Brettes, durch das er sich schließlich im Keller einschließt, ist vermutlich seiner Nervosität angesichts der befürchteten Entlarvung geschuldet.

■ Niedrige Position innerhalb der Dorfhierarchie

Innerhalb der Dorfhierarchie nimmt Hradscheck aufgrund seines Berufs eine niedrige Position ein. Während der Fahrt zur Unglücksstelle wird seine soziale Stellung im Dorf deutlich. Er muss auf dem Kutschbock neben dem Kutscher Platz nehmen, während der Bauer Kunicke sich neben Woytasch in die Kutsche setzt. Der Erzähler kommentiert das mit den Worten: »Das war so Regel und Ordnung, denn ein Bauerngut geht vor Gasthaus und Kramladen.« (S. 53)

■ Unbekümmertheit

Der Tod seiner Frau bekümmert Hradscheck nicht lange. Er gibt wieder den alten ›Lebemann‹ im Gasthof und unternimmt Reisen nach Frankfurt und Berlin. Dort lernt er Editha kennen und schmiedet mit ihr schnell Heiratspläne.

■ Abels Aberglaube

Abels Aberglaube deutet sich schon früh in der Novelle an, als er die Soldatenleiche entdeckt und sich vor der Jeschke und ihren angeblichen übernatürlichen Fähigkeiten, Tote zu sehen und sich unsichtbar zu machen, fürchtet (S. 18 f.). Auch als er nach seiner Rückkehr aus Berlin den Wein aus seinem Keller heraufholen muss, tritt seine abergläubische Furcht zutage, lässt er sich doch zumindest kurzfristig von Edes Angst vor dem Spuk anstecken und »hielt sich dabei nur mit Müh auf den Beinen« (S. 122). Später versucht er, sich durch Farnkrautsamen unsichtbar zu machen, um Szulskis Leiche unbemerkt aus dem Keller schaffen zu können. Zum Verhängnis wird ihm allerdings nicht der eigene Aberglaube, sondern die Furcht vor den Folgen des Aberglaubens anderer: Abel vermutet, dass die Andeutungen Frau Jeschkes sowie Edes Angst vor dem Spuk für weitere Gerüchte und schließlich für seine Entlarvung als Mörder sorgen könnten. Er wird in der Folge nervös und schließt sich aus Unachtsamkeit im eigenen Keller ein, wo er umkommt.

Ursel Hradscheck

Ursels Herkunft und Vergangenheit

Abel lernt die 30-jährige Ursel um 1820 in Hildesheim kennen. Sie ist gerade krank und heruntergekommen zu ihrer Familie zurückgekehrt, nachdem sie zuvor als Seiltänzerin (S. 31) oder Schauspielerin (S. 59) umhergezogen ist. Als der Vater sie nicht wieder in seinen Haushalt aufnehmen will, heiratet die gut aussehende junge Frau Abel.

Schönes Erscheinungsbild

Der Erzähler verweist gleich zu Beginn auf ihre Schönheit in der Vergangenheit und Gegenwart (S. 12), die auch durch die von Neid zeugenden Kommentare Frau Quaas' (S. 30) und durch einen alten Offizier, der sie musternd als »[f]amoses Weib« (S. 100) bezeichnet, herausgestellt wird. Ihr gutes Aussehen verstärkt Ursel durch ihre sorgfältig ausgesuchte schwarze Kleidung sowie ihre Körperpflege (S. 20).

Kleidung, Toilette, aber auch die zahlreichen vornehmen Einrichtungsgegenstände dienen Ursel dazu, sich besonders wohlhabend und vornehm zu geben und so zu gesellschaftlicher Anerkennung zu gelangen, auch wenn sie sie vor Abel als Trost für die Entbehrungen während ihrer Mutterschaft und für den Tod ihrer Kinder darstellt. Zu den wesentlichen Charaktereigenschaften Ursels zählen nämlich ihre Eitelkeit und ihr Geltungsbedürfnis. Es liegt nahe, ihre entbehrungsreichen Jahre, in denen sie Not und Elend kennengelernt hat, als ursächlich für ihre Angst vor Armut und ihren Kampf um soziale Anerkennung zu betrachten. Die zahlreichen Erwähnungen von »Vornehmtun« (S. 8), »Vornehmheit« (S. 22, 57), »vornehm« (S. 22, 24) und die Hinweise auf ihre Bildung (S. 21 f., 30) unterstreichen ihren Anspruch, als etwas »[F]einer[es]« (S. 23) als die Bauersfrauen zu gelten und sich durch Besitz und Gebaren von ihnen abzugrenzen. Sosehr sich Ursel auch um die gesellschaftliche Anerkennung bemüht, die Nachbarinnen verwehren sie ihr, was auch daran liegt, dass Ursel nicht nach einem ähnlichen, sondern nach einem höheren sozialen Status strebt als ihn die Bauersfrauen haben – und damit deren Neid schürt. Sowohl Frau Quaas als auch Frau Mietzel sprechen von ihr als »Bettelperson« (S. 31) und zählen sie zum »hergelaufene[n] Volk« (S. 32). Zwar tritt auch eine kurze Besserung ihres Ansehens ein, als die Hradschecks eine Erbschaft Ursels vortäuschen, aber spätestens nach dem Mord an Szulski verliert sie wieder an sozialem Status, denn die Verdächtigungen richten sich auch gegen sie (S. 57).

■ Eitelkeit und öffentliches Ansehen

Eine besondere Bedeutung spielt in Ursel Hradschecks Leben die Religion. Sie ist in Hildesheim katholisch aufgewachsen und nach dem Umzug nach Tschechin zum evangelischen Glauben übergetreten. Mit Abel lässt sie sich nach evangelischem Ritus trauen. Gleichwohl hält sie ihr ganzes Leben an den ›Überresten‹ ihres katholischen Glaubens fest.

Ursels Religiosität und Gewissensbisse

Denkbar ist – auch angesichts ihrer Furcht vor dem Jüngsten Gericht gegen Ende der Novelle –, dass Ursel sich unter anderem wegen ihres katholischen Glaubens nur zögernd auf Abels Mordplan einlässt. Die Furcht vor Armut und also vor dem sozialen Abstieg wirkt jedoch stärker, und so ist sie schließlich bereit, mindestens an der Vorbereitung und Vertuschung des Mordes an Szulski mitzuwirken. Auch im Anschluss an den Mord zeigt sich Ursel stark vom katholischen Glauben geprägt: In ihrer seelischen Not sucht sie vergebens »Befreiung oder Erlösung« (S. 97) beim Pfarrer und will Seelenmessen für Szulski lesen lassen, um einer göttlichen Bestrafung zu entgehen.

Noch bevor der Mordplan zur Ausführung gelangt, stellen sich bei Ursel Gewissensbisse und Atemnot ein (S. 35). Nur wenige Wochen nach dem Mord an Szulski weist sie dann starke körperliche Verfallssymptome auf. Sie erscheint »gealtert, die Augen tief eingesunken und die Haut wie Pergament« (S. 82). Zum körperlichen Verfall tritt zuweilen auch eine geistige Verwirrung (S. 97). Ursels Verfall setzt sich beschleunigt fort, so dass bald das ganze Dorf Bescheid weiß, dass sie in absehbarer Zeit sterben wird (S. 98). Die Diagnose des Arztes lautet: »Abzehrung und Nerven-

Psychischer und körperlicher Verfall

schwindsucht« (S. 101). Zu einer Besserung kommt es nach Ursels Umzug in eines der neuen Giebelzimmer (S. 100); diese währt aber nur kurz.

Ursel ist in dieser Zeit von Ängsten geplagt. Sie fürchtet sich vor ihrem skrupellosen Ehemann, dessen Munterkeit trotz des Mordes sie zum Anlass nimmt, über mögliche frühere Gewalttaten zu spekulieren: Das plötzliche Verschwinden seiner früheren Geliebten erscheint ihr unheimlich (S. 99).

Angst vor Abel

Ursels Einstellung zu Geld und Reichtum verändert sich in dieser Zeit radikal (S. 98). Als sie Abel zur letzten Aussprache bittet, wird der Grund für ihre neue Bescheidenheit und Sparsamkeit offenbar: Sie äußert ihm ihre Sorgen über ihr Fortleben nach dem Tode, denn sie fürchtet, dass ihr durch ihre Beteiligung am Mord die göttliche Gnade verwehrt bleibt. Deshalb hofft sie auf Vergebung dadurch, Seelenmessen für Szulski lesen zu lassen, für die sie eigens Geld angespart hat. Ursel zeigt sich in ihren letzten Tagen stark religiös, in ihrer Angst vor dem Jüngsten Gericht aber auch abergläubisch, wenn sie sich einredet, dass einige Tote bereits vor dem Jüngsten Tag auferstehen (S. 103).

Angst vor dem Jüngsten Gericht

Das Opfer: Szulski

Der Tod eines Weinreisenden

Szulski ist ein »Weinreisender« (S. 38), ein Handlungsreisender einer Krakauer Weinfirma, die Abel Hradscheck seit drei Jahren einen Aufschub seiner Zahlungen gewährt hat (S. 33). Szulski heißt eigentlich Schulz und stammt aus Oberschlesien. Er ist nach Polen ausgewandert und hat seinen Namen ins Polnische übertragen lassen (S. 37). Seine Aufgabe ist es, im Namen der Firma deren Außenstände bei Hradscheck einzutreiben. Wider Erwarten erhält er am Abend seines Besuches bei Hradscheck die volle Schuldensumme zurück. Doch wird er nicht misstrauisch, sondern zeigt sich spendabel: Im Kreise der Bauern und des Gastwirts lässt er vom mitgebrachten Wein holen. Die Gäste nutzen die Situation, um sich von ihm als Augenzeugen über den polnischen Aufstand berichten zu lassen. Szulski scheint gern als Unterhalter im Mittelpunkt zu stehen, und zeigt sich patriotisch, wenn er »in Schilderungen der polnischen Heldentaten [schwelgt]« (S. 38). Auch scheint ihm am eigenen Ansehen viel gelegen und er neigt zur Hochstapelei. So lässt er etwa »vorsichtig im Dunkel« (S. 38), ob er selbst am Aufstand beteiligt war oder diesen nur aus der Ferne beobachtete. Um Mitternacht sucht Szulski sein Zimmer auf, um am nächsten Morgen früh weiterzureisen – er scheint geschäftstüchtig. In der Nacht jedoch bringt Hradscheck ihn um – über den Tathergang schweigt sich der Erzähler aus.

Die Augenzeugen

Die alte Jeschke

■ Hradschecks Nachbarin und Gegenspielerin

Die verwitwete »Mutter Jeschke« (S. 10) ist Hradschecks Nachbarin. Ihre Gärten grenzen aneinander, und so treffen sie sich des Öfteren am Gartenzaun, wo sie sich über den Garten und anderes austauschen. Sie ist ihm nicht besonders sympathisch, sondern vielmehr unheimlich, denn ihr wird nachgesagt, dass sie quacksalbert, obskure Heilkuren anbietet (etwa »Blut [bespricht]«, S. 16, d. h. zur Heilung von Verletzungen Formeln aufsagt) und den Tod von Mitmenschen voraussagen kann (S. 16). Der bisweilen abergläubische Hradscheck ist nicht durchgehend von der Unglaubwürdigkeit und Unwirksamkeit ihrer zweifelhaften Aussagen und Rezepte überzeugt, und so wächst seine »Furcht vor der alten Hexe« (S. 17). Nichtsdestotrotz hält Hradscheck sie nicht für besonders intelligent: Sie sei »gerade klug genug […], noch Dümmere hinters Licht zu führen« (S. 19).

■ Täuschungsopfer

Seit dem Morgen, an dem Abel die Leiche eines französischen Soldaten unter seinem Birnbaum gefunden hat, spielt die alte Jeschke in seinem Plan eine besondere Rolle. In der Mordnacht wird sie zu seinem Täuschungsopfer. Hradscheck macht sie bewusst zur Zeugin seiner Grabungsaktivitäten im Garten. Er weiß um ihre Neugier und zählt darauf, dass er in ihr durch sein merkwürdiges Verhalten einen Mordverdacht schüren kann, von dem sie prompt dem Gendarmen Geelhaar erzählt. Dadurch kommt es zum Ortstermin, dem Hradscheck zuversichtlich entgegenblickt, weil er ihn entlasten wird: Man findet nicht die Leiche Szulskis, sondern die des Soldaten.

Ausgrenzung

Bereits bevor sie Geelhaar von ihren Beobachtungen im Garten Hradschecks erzählt, scheint Jeschke nicht gut in die Dorfgemeinschaft integriert zu sein. So schämt sich ihre Nichte Line ihrer Verwandtschaft und verschleiert diese, indem sie Jeschke als »Mutter« (S. 70) anredet (eine Anrede, die nicht unbedingt eine Familienbeziehung anzeigen muss, sondern im dörflichen Raum auch eine übliche Bezeichnung für ältere, ärmliche Frauen ist).

Diffamierung während der Predigt

Die Stellung der »alten Hexe« (S. 17, 70, 112) im Dorf zeigt sich zudem insbesondere bei der Predigt, die Eccelius nach der Entlassung Hradschecks aus der Untersuchungshaft halt. Jeschke sitzt mit Line in der vorletzten Kirchenbank und wird von den anderen Dorfbewohnerinnen und -bewohnern angestarrt und argwöhnisch beobachtet, so dass Line sie verwünscht (S. 83 f.): Durch ihre vom Pfarrer angeprangerte, (vermeintlich) irrtümliche Verdächtigung Hradschecks hat sie sich bei der prinzipienlosen Dorfgemeinschaft, die sich zunächst rege an den Gerüchten um die Hradschecks beteiligte, unbeliebt gemacht; die Dorfbewohnerinnen und -bewohner machen sie zu ihrem Sündenbock, während sie sich selbst schuldlos geben. Im Verlauf der Novelle bleibt Jeschke aus der Dorfgemeinschaft ausgeschlossen: Während der Grabrede Eccelius' auf Ursels Beerdigung etwa steht sie abseits der Trauergemeinde (S. 107). Auch der Gendarm Geelhaar begleitet Jeschke nicht gern, will er doch sein eigenes Ansehen nicht schädigen; aus seinem regen Interesse daran, Hradscheck durch einen Hinweis der aufmerksamen Jeschke doch noch des Mordes überführen zu können, unterhält er sich aber mit ihr (S. 111 f.).

Hartnäckigkeit

Denn obwohl Hradscheck durch den Fund der Soldatenleiche und durch seine glaubhaften Erklärungen zu seinem merkwürdigen Verhalten im Garten von den Mutmaßungen und Verdächtigungen der Dorfbevölkerung zum Großteil entlastet ist, glaubt Jeschke nach wie vor an dessen Schuld und versucht, Genaueres zu erfahren. Bei einer weiteren Unterhaltung der beiden kommt es zu einem Wortgefecht über die nächtlichen Ereignisse. Als Jeschke einmal mehr stichelt und auf das (im Keller oder in der Weinstube) brennende Licht während der Sturmnacht anspielt, droht Hradscheck ihr mit einer Verleumdungsklage (S. 95).

Manipulationen

Doch verhält sich Jeschke trotz der Einschüchterungen weiterhin gewitzt und manipulativ: Sie versucht, Ede für ihre Ziele zu instrumentalisieren, indem sie ihn durch andeutungsvolle Fragen zum Glauben anregt, in Hradschecks Keller spuke es (S. 117). Auch erkennt die alte Frau in der Unterredung mit Hradscheck über den Spuk, dass sie ihn weiter unter Druck setzen kann, wenn sie ihre Aussagen zum Spukgeschehen bewusst mehrdeutig formuliert. Dies versetzt Hradscheck so in Aufregung, dass er die Umbettung der Leiche Szulskis beschließt (S. 127). Sie erweist sich im Verlauf der Handlung also als weit gerissener, als es Hradscheck zu Beginn wahrhaben will, wenn er sie »[e]in dummes altes Weib« nennt (S. 19). Den ›unglücklichen‹ Ausgang der Umbettung erfährt natürlich auch Hradschecks fortwährende Antagonistin, die sich mit Geelhaar einig ist, dass Abel sich »in seiner eigenen Falle« (S. 138) gefangen habe.

Ede

Ede wird als erster Zeuge vom Pfarrer und vom Justizrat Vowinkel zu den Ereignissen in der Mordnacht vernommen. Er ist Laufjunge (im Laden) und Kellner (im Wirtshaus) Hradschecks. Die wenige wörtliche Rede Edes ist zumeist im lokalen Dialekt gehalten (S. 62), wie ihn die sozial niedrig gestellten Figuren des Textes sprechen. So wird auch sprachlich ersichtlich, dass Ede in der Dorfhierarchie weit unten steht. Ede hat sich alle Mühe gegeben, sein Äußeres für die Vernehmung angemessen herzurichten und versucht, sich passend zu kleiden, worin sich seine Ehrfurcht vor Autoritäten ausdrückt – allerdings mit mäßigem Erfolg (S. 61 f.). Die Vernehmung des »eingeschüchterten Jungen« (S. 63, siehe auch S. 92) ist wenig ertragreich. Seine Furcht vor Hradscheck und sein zweimaliges: »He is so anners.« [»Er ist so anders.«] (S. 62) stellen keine belastbaren Aussagen dar.

Kein brauchbarer Zeuge, …

■ … aber (unfreiwillig) an der Aufklärung beteiligt

Es ist aber auch Ede, der am Ende für das Scheitern der Planungen Hradschecks sorgt. Zunächst stürzt er seinen Arbeitgeber in Verwirrung, als er im Keller einen Knopf von Szulskis Pelzrock entdeckt (S. 92 f.). Ede ist einfältig genug, aus dem Fund keine Schlüsse zu ziehen und sich darüber hinaus von der alten Jeschke für ihren Plan, Hradscheck weiter unter Druck zu setzen, instrumentalisieren zu lassen. Sie nutzt seinen Aberglauben, seine Furcht vor dem Spuk für ihre Zwecke aus, ohne dass er davon ahnt (S. 116). Als Abel seinen Laufburschen zum zweiten Mal in den Keller schicken will, weigert dieser sich, weil es im Keller spuke. Diese Weigerung schreckt Hradscheck so sehr auf, dass er sich von der alten Jeschke Rat zum Spuk holt. Ihre mehrdeutigen Antworten (S. 125) führen den abergläubischen Hradscheck in die Katastrophe. Wieder ist es Ede, der das Fass auf der Falltür zum Keller entdeckt und so die Suche nach Hradscheck und gleichzeitig das Rätsel um den verschwundenen Szulski beendet: Durch seinen Hinweis werden beide Leichen aufgefunden (S. 135).

Male

Hradschecks Magd Male wird vom Erzähler als »eine gutmütige Person mit krausem Haar und vielen Sommersprossen« (S. 49) beschrieben. Zu ihrer Vernehmung erscheint sie in ihrem Sonntagsstaat und drückt so ihre Achtung vor den Autoritäten aus. Auch sie kann als Zeugin nichts zur Aufklärung der Vorgänge in der Mordnacht in Hradschecks Wirtshaus beitragen.

Keine Zeugin, aber Unruhestifterin

Später kümmert sich Male als Krankenpflegerin um Ursel. Abel schaut ihr nach dem Tode seiner Frau zu, wie sie das Bett im Zimmer, in dem Szulski damals ermordet worden ist, für einen Gast neu bezieht. Ihre Antwort erinnert ihn daran, dass der Fall Szulski im Dorf noch nicht in Vergessenheit geraten ist, und löst erneut Unbehagen in ihm aus (S. 108).

Jakob

Der Fuhrknecht Jakob tritt als dritter Zeuge auf. Er hat dem Weinreisenden, den er auch von früher her kennt, bei dessen Ankunft geholfen (S. 36 f.). Zu dessen Abreise hat er ihn geweckt, aber keine Antwort von ihm erhalten (S. 48 f.). Jakob ist aufmerksamer als die anderen Angestellten Hradschecks: Als der vermeintliche Szulski auftaucht, verfolgt Jakob »neugierig« (S. 49) das Geschehen, wobei ihm auffällt, dass dem Abreisenden einige Bekleidungsstücke zu groß sind und er die Leinen der Kutsche ungeschickter aufnimmt, als man es von einem erfahrenen Kutschfahrer erwarten sollte. Von vorausgegangenen Aufenthalten im Gasthof kennt er die Beredsamkeit Szulskis, der dieses Mal jedoch wortlos abreist (S. 51). Jakobs Beobachtungen sind für den Justizrat schließlich ausreichend, um eine Verhaftung Hradschecks in die Wege zu leiten. Auch haben sie für die Leserinnen und Leser

Aufmerksam und neugierig

eine wichtige Funktion, erklären sie doch die Beteiligung Ursels an der Vertuschung des Mordes.

Mewissen

Erste belastende Beobachtung

Mewissen ist der Nachtwächter des Dorfes. Er meldet sich bei Woytasch, um über seine Wahrnehmungen in der Mordnacht auszusagen. Zwischen fünf und sechs Uhr will er Ursel Hradscheck am Damm an der Orth'schen Mühle gesehen haben, also in der Nähe der Stelle, an der die Kutsche Szulskis in der Oder liegt (S. 60). Aber auch Mewissens Aussage wird von der Hradscheck plötzlich wieder wohlgesinnten Dorfgemeinschaft angezweifelt (S. 67). Gleichwohl ist sie dem Justizrat Anlass genug, die Bediensteten Hradschecks vorzuladen (S. 66).

Die Ermittler

Gendarm Geelhaar

Aus Feinden werden keine Freunde

Der Gendarm Geelhaar wird zum unerschütterlichen Ermittler gegen Hradscheck. Geelhaar verfolgt ihn jedoch nicht wegen einer erdrückenden Indizienlage, sondern er ist unversöhnlich wegen einer alten Geschichte. Er hat Hradscheck Rache dafür geschworen, dass der ihn der Trinksucht bezichtigt hat (dass Abel damit nicht falschlag, deutet sich im Text verschiedentlich an, S. 73, 138). Seitdem äußert dieser: »Den kenn ich. Der muss ans Messer.« (S. 68) Geelhaar missbraucht seine polizeiliche Macht also; sein berufliches Handeln ist allein motiviert durch seine Privatinteressen.

Dieser Feindschaft wegen sucht Geelhaar die alte Jeschke auf, die dasselbe Interesse hat wie er selbst – zunächst vermeintlich mit Erfolg, denn deren Einlassungen zu den Vorgängen im Garten Hradschecks während der Mordnacht führen zum Ortstermin. Dass Abel aus der Haft entlassen werden muss, nachdem dieser Termin ihn entlastet, ist auch Geelhaars Unvorsichtigkeit geschuldet, der – sogleich Rache an Hradscheck witternd – vorschnell das Gericht in Küstrin informiert und damit ein öffentliches Ereignis aus der Ausgrabung macht, anstatt zunächst vorsichtig und vor der Öffentlichkeit verborgen weitere Nachforschungen anzustellen.

Geelhaars unermüdliche Verbissenheit zeigt sich darin, dass er auch nach dieser Niederlage Nachforschungen bei Frau Jeschke anstellt (S. 111 f.) – diese führen jedoch nicht zu einer Aufklärung des Falles Szulski.

Justizrat Vowinkel

Unparteilicher Hauptermittler

Der Hauptermittler im Fall Szulski ist der Küstriner Justizrat Vowinkel. Um eine möglichst neutrale Informationsquelle bemüht, holt er beim Tschechiner Pfarrer Eccelius Erkundigungen zu den Hradschecks ein – der freilich parteiisch (weil Ursel besonders wohlgesonnen) ist.

Freundlich, aber entschieden widersetzt er sich jedoch dem Pfarrer, als nach Hradschecks anfänglicher Entlastung neue Verdachtsmomente auftauchen: Er führt im Pfarrhaus Verhöre mit dem Dienstpersonal der Hradschecks, lässt Abel festnehmen, obwohl der Pfarrer, dem er freundschaftlich verbunden ist, die Indizienlage herunterzuspielen versucht (S. 64 f.), und führt im Garten der Hradschecks einen Ortstermin durch (S. 74 f.). Als sich der Verdacht gegen Abel nicht erhärtet, entlässt er ihn aus der Haft – und handelt damit vorbildlich gemäß seinen Dienstvorschriften. Im Gegensatz zu den Ermittlungen anderer Figuren ist seine Aufklärungsarbeit nicht durch einen bestimmten angestrebten Ausgang des Falles motiviert, sondern er orientiert sich darin streng an der Indizienlage.

Schulze Woytasch

Woytasch ist bereits lange Jahre als Schulze (d. h. als Ortsvorsteher) in Tschechin tätig; er ist der Vorgesetzte des Gendarmen Geelhaar. Bei der Aufklärung und der Beweissicherung in den (möglichen) Mordfällen Rese und Szulski scheint er parteiisch: Er agiert zugunsten Hradschecks. So verhinderte er laut Frau Mietzel die Exhumierung der Leiche Reses und damit die mögliche Aufdeckung ihrer Ermordung durch ihren ehemaligen Geliebten (S. 32). Mietzel spekuliert über mögliche Motive für Woytaschs Nachlässigkeit: Sie vermutet, er möchte Aufregung im Dorf vermei-

■ Nachlässige Ermittlungen

den, sei schwerfällig und schwärme möglicherweise für Frau Hradscheck (S. 32).

Im Fall Szulski ermittelt Woytasch zunächst, bricht aber, vorgeblich aufgrund des schlechten Wetters, die Suche nach ihm ab (S. 56). Schließlich findet er mit Geelhaar die beiden Leichen in Hradschecks Keller. Seine Voreingenommenheit zeigt sich hier besonders deutlich, denn er steht auch nach dem Leichenfund noch für Hradscheck ein, zieht seine Schuld in Zweifel und will ihn auf dem Kirchhof begraben lassen (S. 137). Stets bedacht darauf, nicht selbst in Schwierigkeiten zu kommen, schlägt er jedoch einen Kompromiss vor: Hradschecks Leiche soll zwar auf dem Friedhof beigesetzt werden, jedoch »seitab, wo die Nesseln stehn und der Schutt liegt« (S. 137). In seiner Begründung wird Woytaschs Opportunismus offenbar: Wenn Abels Schuld, wie Woytasch meint, durch den Fund der Leiche Szulzkis nicht bewiesen ist, wenn » alles bloß Verdacht« (S. 137) ist, so müsste man Hradschecks Leiche nicht zum Zeichen seines posthumen Ausschlusses aus der Dorfgemeinschaft fernab der anderen Gräber beerdigen – umgekehrt wird ein solcher Ausschluss von den Anwesenden, die von der Schuld Abels ausgehen, gefordert. Woytasch möchte sich weder bei der Dorfgemeinschaft unbeliebt machen noch nach dessen Tod auf seine loyale Haltung ihm gegenüber verzichten und zugeben, dass die Beweise gegen ihn erdrückend sind. Sein Bestreben, vor der Dorfgemeinschaft gut dazustehen, geht so weit, dass er sogar die vorauszusehende Grab-

■ Opportunismus

schändung Ursels billigen und damit seine Berufspflichten grob vernachlässigen will: »Und dann müssen wir tun […], als sähen wir's nicht. Kirchhofsordnung ist gut, aber der Mensch verlangt auch seine Ordnung.« (S. 137)

Der Vertreter der Kirche: Eccelius

Parteinahme für die Hradschecks

Der Pfarrer Tschechins hat Ursel und Abel Hradscheck getraut und ihren gemeinsamen Lebensweg verfolgt. In seinem Brief an den Justizrat Vowinkel entlastet er die Eheleute – wohl insbesondere deshalb, weil Ursel Hradscheck, wie er selbst schreibt, durch ihr Konvertieren zum Protestantismus seine »besondere Sympathie« (S. 59) gewonnen hat. Seine Parteinahme für die Hradschecks zeigt sich sowohl während der Einvernahme der Dienstleute Hradschecks, wenn er etwa Fragen stellt, die zur Entlastung des Verdächtigen dienen sollten, als auch bei seiner finalen Bewertung der Aussagen, die er als nicht hinreichend für eine Verhaftung Hradschecks hält (S. 64 f.). Seine ›Strafpredigt‹ an die Tschechiner Bevölkerung wegen ihres Fremdenhasses und der nicht hinreichend begründeten Verdächtigungen (S. 82 f.) ebenso wie später die Grabrede für Ursel (S. 106 f.) machen ebenfalls seine Sympathie für die Eheleute deutlich (S. 82) und zeigen zudem, dass der Pfarrer ein zentrales Charakteristikum der Dorfgemeinschaft, ihre spekulativen, andere verurteilenden Lästereien, ablehnt.

Seinen seelsorglichen Fähigkeiten allerdings sind Grenzen gesetzt. Als Ursel sich um die Linderung ihrer Gewissensbisse bemüht, versagt er, nimmt die Schwere ihres Leids nicht wahr (S. 97) – womöglich lässt sie ihn deshalb später nicht an ihr Sterbebett rufen (S. 102).

Mangelnde seelsorgliche Fähigkeiten

Eccelius' Wohlwollen kennt Grenzen: Aufgrund seiner Enttäuschung über Ursels »katholische Rückfälle« (S. 109) rät er Abel ab, seine Versprechungen gegenüber der Toten einzuhalten. Die Inschrift des Grabkreuzes, die Eccelius zugeschrieben wird, verdeutlicht seine Verbitterung darüber, dass ihm seine Bemühungen um eine anhaltende Konversion Ursels misslungen sind: »Wir wandelten in Finsternis, bis wir das Licht sahen. Aber die Finsternis blieb, und es fiel ein Schatten auf unseren Weg.« (S. 111) Diese Verbitterung reicht sogar so weit, dass er nach dem Bekanntwerden der Schuld der Eheleute die Zerstörung des Grabkreuzes Ursels billigend in Kauf nimmt (S. 137).

Grenzen des Wohlwollens

Abels Tod passt gut ins Weltbild des Pfarrers: Im Eintrag der Beisetzung Hradschecks ins Kirchenbuch, der die letzten Sätze in der Kriminalnovelle bildet, wird deutlich, dass Eccelius Abels Ableben als Strafe eines gerechten Gottes für den Mord an Szulski deutet (S. 139).

Die Bauern (Dorfgemeinschaft)

Die Eheleute Quaas

Der Ölmüller Quaas ist zum Gespött der anderen Dorfbewohnerinnen und -bewohner geworden, weil er tatenlos zusieht, wie ihn seine 20 Jahre jüngere Ehefrau, genannt Kätzchen, mit anderen Männern betrügt (S. 23, 31). Sie scheint auf Ursel neidisch und beteiligt sich an ihrer Diffamierung, nennt sie etwa eine »[hergelaufene] Bettelperson« (S. 31).

■ Neid

Die Eheleute Mietzel

Mietzel ist ein reicher, aber kränklicher Bauer, dem Aussehen nach »ein kleines aufgetrocknetes Männchen« (S. 27), und Nachbar von Quaas. Er macht sich über Ursel Hradscheck lustig (S. 30), und auch seine Frau tratscht mit Frau Quaas über die Hradschecks, verdächtigt Abel gar, auch seine frühere Geliebte getötet zu haben (S. 31 f.).

Bauer Kunicke

Bauer Kunicke lebt als reicher Bauer in Tschechin und ist Wortführer der Dorfgemeinschaft. Er verkehrt viel in Hradschecks Wirtschaft, wohnt er doch schräg gegenüber und hat so einen kurzen Nachhauseweg (S. 45). Kunicke war Teilnehmer am Befreiungskrieg gegen Napoleon (S. 44), deshalb schätzt er auch die

Russen (S. 44). Er weint viel (S. 88) und leidet unter Rheuma (S. 56).

Orth und Igel

Der Bauer und Windmühlenbesitzer Orth wohnt am Ortsausgang. Er scheint sich nicht an den Lästereien der Dorfgemeinschaft zu beteiligen (S. 14), ebenso wenig Igel, Betreiber einer Sägemühle (weswegen er den Spitznamen »Schneidigel« [S. 75] trägt), der jedoch zu Neugier und Hochmut neigt (S. 76).

Weitere Figuren

Rese

Sie war die ehemalige Geliebte Abel Hradschecks in Neu-Lewin, von der er sich trennte. Wegen der Trennung gab Hradscheck sein Geschäft auf und wollte nach Amerika auswandern (S. 58). Noch während seiner Ehe mit Ursel ließ er ihr Geld zukommen (S. 25), was möglicherweise als Indiz dafür gelten kann, dass Hradscheck nach seiner Heirat mit Ursel das Verhältnis zu Rese fortsetzte. Um ihren plötzlichen Tod gibt es in Tschechin Gerüchte. Einer Exhumierung der Toten sei Woytasch entgegengetreten, so dass die Todesursache nicht habe festgestellt werden können (S. 32). Bei Ursel lösen die alten Gerüchte um das Verschwinden Reses Furcht vor Hradscheck aus (S. 99).

■ Geliebte Hradschecks

Editha

Abel Hradscheck lernt die »Tochter aus einem Destillationsgeschäft, groß und stark, mit etwas vortretenden, immer lachenden Augen« (S. 117 f.) auf seinen Entdeckungstouren nach dem Tod seiner Frau in Berlin kennen. Er verliebt sich in die dreißigjährige »Vollblut-Berlinerin« (S. 118) und beabsichtigt, sie zu ehelichen.

Der Amtsrat

Der nur kurz in der Erzählung auftretende Amtsrat ist ein weiteres Beispiel für die ineffizienten, von Privatinteressen geleiteten Verwaltungsbeamten in der Gegend um Tschechin: Er stiehlt sich, als er mit dem Fall Szulski in Berührung kommt, gänzlich aus der Affäre: Zwar entdeckt er den vermeintlichen Unfall Szulskis als Erster, aber er fährt sogleich eilig weiter, um zum Reitweiner Grafen zu gelangen (S. 52).

4. Form und literarische Technik

Roman, Erzählung oder Novelle

Theodor Fontanes *Unterm Birnbaum* wird abwechslungsweise als Novelle, Roman oder Erzählung bezeichnet. Im Artikel in *Kindlers Neuem Literatur-Lexikon* ist von einem Roman die Rede. Häufiger findet man die Bezeichnung Erzählung (im Fontane-Lexikon, herausgegeben von Helmuth Nürnberger und Dietmar Storch, in der Fontane-Biografie Hans-Heinrich Reuters, in zahlreichen Nachworten sowie Überschriften zu Interpretationen). Fontane selbst spricht in mehreren Tagebucheintragungen und Briefen von 1884 und 1885 von einer (Kriminal-)Novelle. Die Novelle wird als eine längere Erzählung definiert, in der sich in der Regel ein zentraler Konflikt entwickelt und in der es um etwas Ungewöhnliches geht. Auf dem Höhepunkt vollzieht sich ein jäher Umschlag, der unerwartete Folgen hervorbringt. Die Handlung wird linear dargestellt; Nebenhandlungen und größere Abschweifungen entfallen.

Als zentraler Konflikt von *Unterm Birnbaum* kann die finanzielle Situation der Hradschecks gelten, die sie schließlich zum Mord an Szulski bewegt. Dieser kann als Höhe- und Wendepunkt der Handlung betrachtet werden, zugleich bleibt er aber im Text ausgespart. Zwar sind die Ereignisse (mit Ausnahme der Rückblenden in Abels und Ursels Vergangenheit) größtenteils chronologisch dargestellt, doch erschließt sich die

Leerstelle des Mordes an Szulski den Leserinnen und Lesern wie auch den Figuren erst rückblickend genauer.

Literarische Technik

Fontane passt seine literarische Technik dem jeweiligen Genre an. Für *Unterm Birnbaum* ist formal insbesondere Fontanes Kniff von Bedeutung, wichtige Ereignisse und Informationen auszusparen, nur vage anzudeuten und an entscheidender Stelle zu enthüllen: Im Verlauf der »Vorgeschichte« deutet er Hradschecks »Gedanken und Vorstellungen« (S. 15, 18) stets an, ohne jedoch den Inhalt genauer zu erläutern. Er enthält seinen Leserinnen und Lesern vor, worüber die Hauptfigur nachdenkt bzw. welche Pläne sie verfolgt. Ebenso verschweigt er mit der Formulierung »dass das, was erst Tat werden sollte« (S. 18), was es mit dieser Tat auf sich hat. Die Leserinnen und Leser sind gefordert, sich das Mordgeschehen aus Andeutungen – dem Verhalten Hradschecks und Ursels, den Beobachtungen der Angestellten Hradschecks, dem misstrauischen Getuschel der Dorfgemeinschaft – ungefähr zu erschließen.

Vorenthaltungen, Verhüllung und Enthüllung

Die Aufklärung, d. h. die Enthüllung der näheren Umstände der Tat, findet erst im zwanzigsten Kapitel der Kriminalnovelle statt: »[W]as sichtbar war, war gerade genug, um alles Geschehene klarzulegen.« (S. 136) Der Blick in den Weinkeller enthüllt weitere Details, jedoch werden auch hier die anfänglichen

Aussparungen des Erzählers nicht nachträglich mit umfassenden Informationen ›aufgefüllt‹. »Nur das Nötigste wurde festgestellt« (S. 136), und Einzelheiten zum Tatgeschehen bleiben unklar: »Alles ist klar und doch ist nichts bewiesen.« (S. 136) Typisch ist ein solches Spiel mit dem Zurückhalten und späteren Enthüllen von Informationen für das Genre der Detektivgeschichte, denn es generiert Spannung (detaillierte Informationen zur Detektivgeschichte finden sich im Kapitel »Interpretationsansätze«, S. 70–72).

Raumstruktur

Die Novelle spielt im fiktiven Ort Tschechin im Oderbruch. Die Schauplätze befinden sich in diesem Ort und in der unmittelbaren Nähe. Die meisten Handlungsschritte finden im Wirtshaus und Kramladen sowie im Garten Hradschecks statt. Fontane hat eine genaue Skizze davon angefertigt, wie er sich das Haus und die unmittelbare Umgebung vorgestellt hat (Abb. 3).

Zeitstruktur

Die genaue Datierung des Ankündigungsbriefes der Firma, für die Szulski arbeitet (S. 33 f.), des Kirchenbucheintrags Eccelius' (S. 139) und einige Angaben des Erzählers ermöglichen es, die Chronologie des Geschehens exakt herauszuarbeiten. Die Handlung spielt sich zwischen Herbst 1831 und Oktober 1833 ab. So lässt sich der Mord an Szulski auf November 1831 festlegen. Ursel stirbt knapp ein Jahr später in der Nacht vom 30. September auf den 1. Oktober 1832. Ihre Beisetzung findet am 4. Oktober 1832 um 16 Uhr statt. Im Frühjahr 1833 lässt Hradscheck Ursels Grabkreuz errichten. Er selbst kommt am 2. Oktober 1833

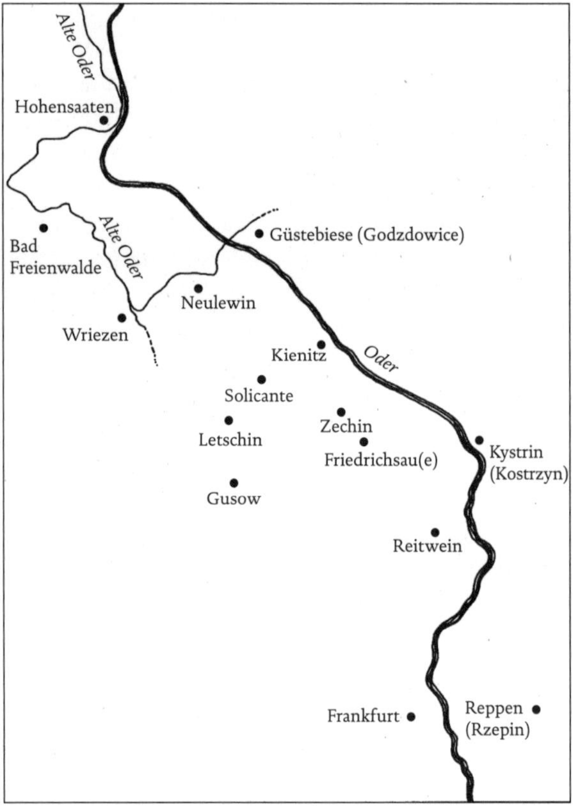

Abb. 2: Kartenskizze zu den Schauplätzen von *Unterm Birnbaum*, aus: Theodor Fontane, *Große Brandenburger Ausgabe*, hrsg. von Gotthard Erler, Bd. 8: *Unterm Birnbaum*, bearb. von Christine Hehle, Berlin – © Aufbau-Verlag, 1997, S. 156.

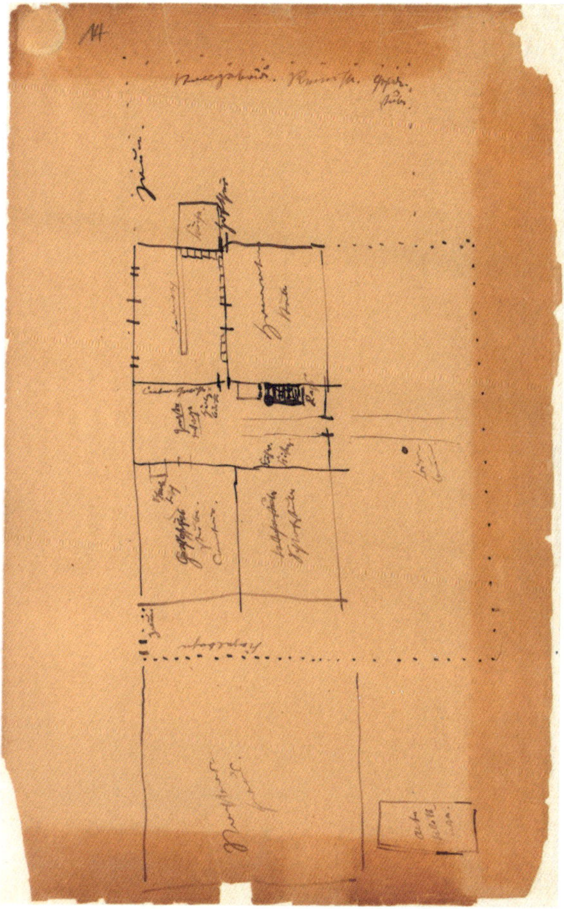

Abb. 3: Handschriftliche Skizze Fontanes zu Hradschecks Hof (*Unterm Birnbaum*, 8. Kapitel, Blatt 14, Stadtmuseum Berlin, Inv.-Nr. V 67/866,08,14) – © Stiftung Stadtmuseum Berlin

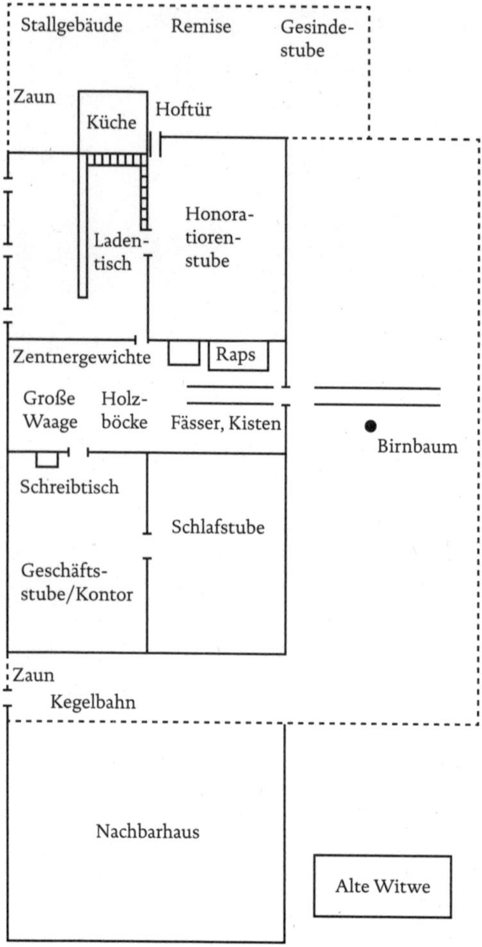

Abb. 4: Hradschecks Hof nach der handschriftlichen Skizze Fontanes

ums Leben und wird am Tag darauf an einer etwas abgelegenen Stelle auf dem Friedhof beerdigt. Hinzu kommen Rückblenden in die Vergangenheit Abels und Ursels.

Erzählverhalten

Vom Geschehen erfährt man von einem Erzähler, der nicht Teil der Handlung ist. Stellenweise wirkt er auktorial, etwa wenn er das Zeitgeschehen zu überblicken scheint und den Text mit Informationen über das Vorleben Abels und Ursels anreichern kann (siehe z. B. S. 7 f.). Bisweilen konzentriert er sich aber auch auf die Perspektive einer bestimmten Figur (etwa auf die der unbeteiligten Frau Jeschke zum mutmaßlichen Zeitpunkt des Mordes an Szulski, S. 45 f.) und gleicht in diesen Passagen einem personalen Erzähler. Am häufigsten aber verzichtet der Erzähler gänzlich darauf, die Gedanken der Figuren darzustellen und das Geschehen und die Figuren zu bewerten. Ein solches Erzählverhalten lässt sich als neutral bezeichnen. Auf den Hochmut und Neid der Dorfbewohnerinnen und -bewohner etwa müssen die Leserinnen und Leser von den Handlungen und Reden der Figuren sowie den Bewertungen, die sie durch andere Figuren erfahren, schließen, sie werden vom Erzähler nicht erläutert. Die beiden letztgenannten Erzählverhalten, das personale und das neutrale, generieren bei den Leserinnen und Lesern Spannung, weil Informationen ausgespart bleiben.

Verschiedene Erzählverhalten

Ein wichtiger Aspekt der Erzähltechnik ist zudem, dass die Erzählstimme oft in den Hintergrund tritt und Raum für ausgiebige Passagen wörtlicher Rede lässt, in denen die Spekulationen der Figuren zum Mordgeschehen zum Ausdruck kommen. Diese wie auch die Informationslücken, die durch personales und neutrales Erzählverhalten entstehen, veranlassen das Lesepublikum dazu, selbst Schlussfolgerungen aus dem Geschilderten zu ziehen und über das Geschehen zu spekulieren.

Sprache

Individueller Sprachgebrauch

Zu Fontanes Realismus zählt die wirklichkeitsnahe Wiedergabe zeitgenössischer Sprechweisen durch seine Protagonistinnen und Protagonisten: »Meine ganze Sprechweise ist darauf gerichtet, die Menschen so sprechen zu lassen, wie sie wirklich sprechen.«[2] Der Autor nutzt verschiedene Sprechweisen, um seine Figuren zu charakterisieren.

Die am häufigsten anzutreffende Sprache ist die **Umgangs-** oder **Alltagssprache**, die sich am Hochdeutschen orientiert, zudem aber stark durch Redewendungen, einzelne vom Hochdeutschen abweichende Begriffe (oder auch andere Wortbedeutungen) und durch das Weglassen einzelner Laute (die sogenannte Elision) gekennzeichnet ist. Abel und Ur-

2 Theodor Fontane, *Werke, Schriften und Briefe*, hrsg. von Walter Keitel und Helmuth Nürnberger, Abteilung IV: *Briefe*, Dritter Band: *1879–1889*, München 1980, S. 206.

sel Hradscheck unterhalten sich in dieser Alltagssprache und nutzen sie zur Unterhaltung mit den anderen Dorfbewohnerinnen und -bewohnern: »Wo willst du's hernehmen, Abel? […] Willst du's borgen?« (S. 34), fragt Ursel, Vokale tilgend, nach den Plänen ihres Ehemanns; Abel mahnt Jakob umgangssprachlich »sei **hübsch** manierlich« (S. 7), lobt Ursel: »Alles, was du machst, hat **Schick**« (S. 12), und bedient sich einer Redewendung, wenn er davon spricht, dass »[d]ie Wände hier […] Ohren haben« (S. 26), um nur wenige Beispiele zu nennen.

Hradschecks Dienstpersonal (Male, Ede und Jakob) spricht nahezu durchgängig einen ostniederdeutschen **Dialekt**, eine Variante des Plattdeutschen, auch Oder-Platt genannt. Die »alte Hexe«, Mutter Jeschke, und ihre Nichte Line unterhalten sich ebenfalls auf diese Weise. Mutter Jeschke antwortet Hradscheck grundsätzlich unter Gebrauch des Dialekts: »Dag, Hradscheck. Joa, et wahrd nu Tied. De Malvesieren kümmen all von sülwst.« [»Tag, Hradscheck. Ja, es wird nun Zeit. Die Birnen kommen (fallen) schon selbst.«] (S. 9) Auch der nicht besonders geachtete Gendarm benutzt ihn zuweilen in den Unterredungen mit der »alten Hexe« und ihrer Nichte Line.

Der Gebrauch des Dialekts zeigt ein soziales Gefälle in der Dorfgemeinschaft an: Die wenig angesehenen Figuren sprechen mehrheitlich Dialekt. Bei Unterhaltungen mit offiziellem Charakter wechseln sie sogar bisweilen »mit Vorbedacht« (S. 71) ins Hochdeutsche, das die Dorfgemeinschaft mit Vornehmheit, einem höheren sozialen Status verbindet. Die ›Obrigkeit‹ (Amts- und Funktionsträger oder Beamte, etwa Vowinkel und Eccelius) bedienen sich des **Hochdeutschen**, verzichten auf Elisionen und weitestgehend auf Redewendungen, um sich durch ihren Sprachgebrauch von im sozialen Gefüge niedriger Positionierten (Dienstleuten, Außenseitern wie Mutter Jeschke, einfachen Beamten wie Gendarm Geelhaar) abzugrenzen.

5. Quellen und Kontexte

Entstehungsgeschichte

Theodor Fontane hat in Briefen und Tagebucheinträgen die Entstehung seiner Kriminalerzählung zwischen 1884 und 1885 begleitet. In ihnen erläutert er nicht nur seine Intentionen und Arbeitsweisen, sondern er gibt auch Hinweise auf seine Erwartungen bezüglich des Erfolgs seiner schriftstellerischen Produktionen. 1882 hat er den *Schach von Wuthenow* veröffentlicht, der ihm ebenso wenig wie die nachfolgende Novelle *Graf Petöfy* (1884) den erhofften (wirtschaftlichen und literarischen) Erfolg gebracht hat. Die finanziellen Sorgen veranlassen ihn, im Februar 1883 mit den Vorarbeiten für eine Kriminalnovelle, die er als weitere ›Brotarbeit‹ ansieht, zu beginnen. Mitte Oktober 1884, so kündigt er an, will er mit der Novelle *Fein Gespinnst, kein Gewinnst* für die Familienzeitschrift *Die Gartenlaube* beginnen und sie in etwa einem Monat vollenden. Diese Arbeitsweise entspricht nicht seinem gewohnten Vorgehen. In der Regel bringt er seine Werke in einen Entwurfszustand (»Brouillon«), den er dann durch fortwährende Korrekturen zu optimieren versucht. Erst nach mehrmaliger Überarbeitung erlangen sie die Publikationsreife. Auch die Arbeit an *Fein Gespinnst, kein Gewinnst* nimmt schließlich mehr Zeit in Anspruch, als Fontane veranschlagte: Nach sechs Monaten unausgesetz-

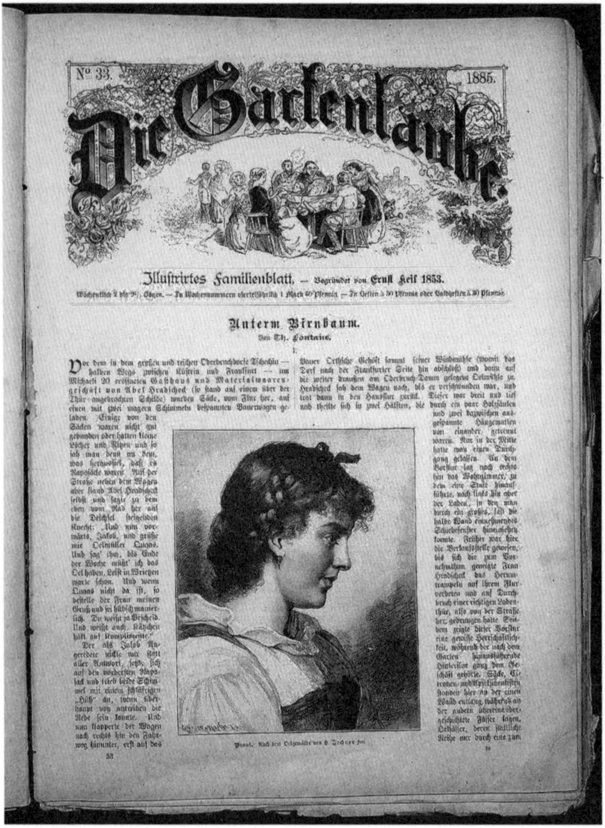

№ 33. Die Gartenlaube. 1885.

Illustrirtes Familienblatt. – Begründet von Ernst Keil 1853.

Wöchentlich 2 bis 2½ Bogen. – In Wochennummern vierteljährlich 1 Mark 60 Pfennig. – In Heften à 50 Pfennig oder Halbheften à 25 Pfennig.

Unterm Birnbaum.

Von Th. Fontane.

1.

Vor dem in dem großen und reichen Oderbruchdorfe Tschechin – halben Wegs zwischen Küstrin und Frankfurt – um Michaeli 20 eröffneten Gasthaus und Materialwaaren-Geschäft von Abel Hradscheck (so stand auf einem über der Thür angebrachten Schilde) wurden Säcke, vom Flur her, auf einen mit zwei magern Schimmeln bespannten Bauerwagen geladen. Einige von den Säcken waren nicht gut gebunden oder hatten kleine Löcher und Ritzen und so sah man denn an dem, was herausfiel, daß es Rapssäcke waren. Auf der Straße neben dem Wagen aber stand Abel Hradscheck selbst und sagte zu dem eben vom Rad her auf die Deichsel steigenden Knecht: „Und nun vorwärts, Jakob, und grüße mir Oelmüller Quaas. Und sag' ihm, bis Ende der Woche müßt' ich das Oel haben. Leist in Wriezen warte schon. Und wenn Quaas nicht da ist, so bestelle der Frau meinen Gruß und sei hübsch manierlich. Du weißt ja Bescheid. Und weißt auch, Kätzchen hält auf Komplimente."

Der als Jakob Angeredete nickte nur statt aller Antwort, setzte sich auf den vordersten Rapssack und trieb beide Schimmel mit einem schläfrigen „Hüh" an, wenn überhaupt von antreiben die Rede sein konnte. Und nun klapperte der Wagen nach rechts hin den Fahrweg hinunter, erst auf das Bauer Orthsche Gehöft sammt seiner Windmühle (womit das Dorf nach der Frankfurter Seite hin abschloß) und dann auf die weiter draußen am Oderbruch-Damm gelegene Oelmühle zu. Hradscheck sah dem Wagen nach, bis er verschwunden war, und trat dann in den Hausflur zurück. Dieser war breit und tief und theilte sich in zwei Hälften, die durch ein paar Holzsäulen und zwei dazwischen ausgespannte Hängematten von einander getrennt waren. Nur in der Mitte hatte man einen Durchgang gelassen. An dem Vorflur lag nach rechts hin das Wohnzimmer, zu dem eine Stufe hinaufführte, nach links hin aber der Laden, in den man durch ein großes, fast die halbe Wand einnehmendes Schiebefenster hineinsehen konnte. Früher war hier die Verkaufsstelle gewesen, bis sich die zum Vornehmthun geneigte Frau Hradscheck das Herumtrampeln auf ihrem Flur verbeten und auf Durchbruch einer richtigen Ladenthür, also von der Straße her, gedrungen hatte. Seitdem zeigte dieser Vorflur eine gewisse Herrschaftlichkeit, während der nach dem Garten hinausführende Hinterflur ganz dem Geschäft gehörte. Säcke, Citronen- und Apfelsinenkisten standen hier an der einen Wand entlang, während an der andern übereinandergeschichtete Fässer lagen, Oelfässer, deren stattliche Reihe nur durch eine zum

33

Abb. 5: Titelblatt des Erstabdrucks von *Unterm Birnbaum* in *Die Gartenlaube*, 1885

ter Novellenarbeit[3], die das gesamte Frühjahr 1885 in Anspruch nimmt, hat er die Erzählung beendet. Bereits am 15. April 1885 soll er die Korrekturen abgeschlossen haben, kann aber den Abgabetermin wegen seiner noch nicht abgeschlossenen Vorbereitung des Textes für die Druckfassung nicht einhalten. Er gibt dem Text nunmehr den Titel *Es ist nichts so fein gesponnen.* Der Verlag drängt, weil er ihn bald als Fortsetzungsgeschichte in der *Gartenlaube* veröffentlichen will. Fontane freut sich über den Vorabdruck, weil er so zweimal Honorar einnehmen kann. Im August und September erscheinen die neun Folgen, wobei die Reaktionen des Publikums den Autor nur wenig befriedigen. Trotz der verhaltenen Kritik erhält er die Zusage, dass die Novelle noch im November in Buchform unter dem Titel *Unterm Birnbaum* erscheinen wird. Gleichwohl ahnt er, dass auch die Buchausgabe seine Hoffnungen auf Erfolg (wieder einmal) nicht erfüllen wird.

Fortsetzungsgeschichte und Buchausgabe

Einige Literaturwissenschaftlerinnen und -wissenschaftler gehen davon aus, dass Fontane sich für den Titel *Unterm Birnbaum* entschieden hat, weil sich Annette von Droste-Hülshoffs *Die Judenbuche* sehr erfolgreich verkaufte.

3 Theodor Fontane, Brief vom 22. April 1885 an Georg Friedländer, in: T. F., *Briefe an Georg Friedländer*, Heidelberg 1954, S. 6.

Grundlagen der Novelle

Reale Ereignisse werden fiktionalisiert

Der ›Realist‹ Fontane übernimmt aus den ihm vorliegenden historischen Quellen und ihm von seiner Schwester Elise zugetragenen Ereignissen bestimmte Inhalte und komponiert daraus *Unterm Birnbaum*. Er verdichtet die realen Verhältnisse an den ihm bekannten Orten, das Denken und die Gepflogenheiten ihrer Bewohnerinnen und Bewohner zum im Text beschriebenen Milieu.

In seinem autobiografischen Text *Meine Kinderjahre* (1893) berichtet er von einem Mordfall, der sich in Swinemünde ereignete, wohin er 1827 mit seinen Eltern übergesiedelt war. Ein angesehener und bis dahin unbescholtener Mann hatte mithilfe seiner Frau eine wohlhabende ältere Einwohnerin und ihre Pflegekraft wohl aus purer Habgier ermordet. Aus anderen Quellen hieß es, dass seine Geschäfte schlecht gelaufen waren und ihn in den Ruin getrieben hatten.

Eine andere Anregung erhält Fontane durch den Bericht über einen Fund eines Skeletts in der Stadt Letschin im Jahre 1842. Fontane lebte dort vorübergehend und half in der Apotheke seines Vaters aus. Der Fund löste zahlreiche Spekulationen aus, weil 1836 ein Handlungsreisender im örtlichen Wirtshaus übernachtet hatte und danach nie wieder lebend gesehen worden war. Die beiden Wirtsleute gerieten in den Verdacht, den Vermissten ermordet und dessen Kutsche in die Oder gefahren zu haben. Der Fall wurde nie aufgeklärt, obwohl Blutspuren im Wirtshaus weggewischt worden sein sollen. Es konnte auch nie festgestellt werden, ob es sich bei dem Skelett tatsächlich um die sterblichen Überreste des Handlungsreisenden handelte.

Eine dritte Vorlage für Fontanes Kriminalerzählung findet sich in seinem Band *Wanderungen durch die Mark Brandenburg. Havelland* (1873). Darin erwähnt der Autor die Geschichte eines französischen Soldaten, der in den Kellergewölben eines Herrenhauses einen geheimnisvollen Tod gefunden hatte, nachdem ihn die Kameraden beim Verlassen des Hauses vergessen hatten.

Bei seinen Recherchen für die *Wanderungen durch die Mark Brandenburg. Die Grafschaft Ruppin* (1862) hört Fontane vom Fund der Leiche eines französischen Soldaten, der im Dorf Dreetz im Krieg gegen Napoleon um 1806 erschlagen worden sein soll. Er glaubt, dass er aus diesem Ereignis eine entsprechende »Novelle« entwerfen kann, dass er dazu jedoch weitere Hintergründe über den Mordfall kennen müsse. Deshalb wendet er sich an seine Schwester Elise und bittet sie, Nachforschungen zu diesem Mordfall anzustellen. All diese Berichte und Erlebnisse dienen Fontane wohl als Inspirationsquellen für *Unterm Birnbaum.*

6. Interpretationsansätze

Genreaspekte: Kriminalerzählung oder Detektivgeschichte

In der vorliegenden *Novelle* fällt bei genauerem Hinsehen, was das Genre betrifft, eine Zweiteilung auf: Im ersten Teil (Kapitel 1–7) überwiegt die Kriminalerzählung, im zweiten Teil (Kapitel 8–20) dominieren einige Elemente der Detektivgeschichte, wobei es durchaus auch Literaturwissenschaftlerinnen und -wissenschaftler gibt, die diese Zuordnung als unzutreffend einschätzen, weil es keinen Detektiv oder ›Kommissar Zufall‹ gibt. In der folgenden Tabelle sind die wesentlichen Elemente der beiden Genres gegenübergestellt, die eine grobe Unterscheidung ermöglichen sollen – eine klare Trennung zwischen den beiden Genres ist allerdings nicht möglich.

■ Die Kapitel der Kriminalerzählung

Gemäß dieser Gegenüberstellung könnten die Kapitel eins und zwei von *Unterm Birnbaum* der Kriminalerzählung zugeordnet werden, denn in ihnen wird die Vorgeschichte eines Verbrechens skizziert: Die später an ihm beteiligten Figuren werden charakterisiert (Exposition). Das dritte Kapitel stellt den Konflikt (und damit das Motiv der Hradschecks für den Mord) dar (ihre finanzielle Schieflage) und ist ebenso der Kriminalerzählung hinzuzurechnen, genauso wie die Kapitel vier und fünf (Planung und Vorbereitung der Tat). Schließlich gehören die Kapitel sechs (Wahrnehmungen der Aktivitäten Hradschecks in der

	Kriminalerzählung	**Detektivgeschichte**
Inhalt	Darstellung der Geschichte einer Straftat	Darstellung der Aufklärung eines Falls
Verbrecher	Ist bekannt oder wird schnell entlarvt	Wer die Tat beging, liegt ebenso wie der genaue Tathergang eher im Dunkeln.
Verbrechen	1. Vorgeschichte – Planung – Vorbereitung 2. Verwirklichung 3. Nachforschungen – Darstellung des Ermittlungsverlaufs 4. (Seelische) Folgen der Tat	Aufhellung der Tat durch Verhör: 1. Rekonstruktion des Geschehens – Wann? – Wer? – Wo? – Was? / Art des Verbrechens – Wie? – Warum? 2. Fahndung – Auflösung des Falls (Rätsels) 3. Verfolgung einer (falschen) Fährte 4. Ergreifung (aufgrund von überprüfbaren und belastbaren Fakten)
Figuren	Verdächtige(r) Täter Opfer Zeugen Umfeld	Verdächtige(r) Täter Opfer Zeugen Nebenfiguren/ Umfeld

Ermittler	›Amtsperson‹ Institution	Detektiv (›Held‹), ›Kommissar Zufall‹
Bestrafung	(Überwiegend) Bewertung der Straftat – rechtlich – moralisch – zu erwartende Wirkung auf den Straftäter (Wiedereingliederung)	(Überwiegend) Bewertung der Straftat – rechtlich – moralisch – zu erwartende Wirkung auf den Straftäter (Wiedereingliederung)
Erzählverlauf	(Eher) Langform – zusammenhängend – geradlinig	(Eher) Kurzform – episodenhaft – (vor allem) analytisch
Zeitliche Perspektive	Chronologische Ereignisfolge	(In der Regel:) In die Handlungsgegenwart sind Rückblenden in die Vergangenheit eingebettet (Retrospektiven)

Mordnacht durch die alte Jeschke) und sieben (vermeintliche Abreise Szulskis) zu diesem Genre. Neben kürzeren Ausführungen zur Vergangenheit der Hradschecks konzentrieren sich die Kapitel auf die Handlungsgegenwart; die Ereignisse werden in chronologischer Reihenfolge geschildert.

Die Kapitel der »Detektivgeschichte«

Ab Kapitel acht (Bergung der Kutsche und Suche nach Szulski) zeigt der Text verstärkt Elemente der Detektivgeschichte: Die Kapitel neun bis dreizehn dokumentieren die (vergeblichen) Aufklärungsbemühungen durch den Justizrat Vowinkel, den Gendarmen Geelhaar, aber auch durch Figuren, die nicht von Berufs wegen an der Aufklärung des Falles interessiert sind, wie Frau Jeschke. Interessant ist, dass auch Geelhaar nicht als Amtsperson eifrig ermittelt, sondern aus Rachegelüsten, denn damit entfernt sich der Text weiter vom Genre der Kriminalerzählung, in der die ermittelnden Figuren einer Institution verpflichtet sind. Im Rahmen der Nachforschungen enthält der Text zudem einige für das Genre charakteristische Rückblenden, etwa in Form des Briefes Eccelius', in dem er ausführlich auf die Vergangenheit Abels und Ursels eingeht (S. 58–60), und in Form der rekapitulierten Beobachtungen Jeschkes während der Mordnacht (S. 72 f.).

In den Kapiteln dreizehn bis zwanzig nähert sich der Text wieder der Kriminalerzählung an: Die seelischen Folgen der Tat – Ursels psychische Erkrankung und letztlich ihr Tod, Abels wachsende Furcht, als Täter entlarvt zu werden, aber auch sein (zumindest kurzfristiges) Vermögen, von seinem Vergehen abzulenken und sich ein unbeschwertes neues Leben aufzubauen (Kapitel siebzehn) – rücken in den Vordergrund. Dennoch finden sich auch im letzten Teil des Textes Elemente der Detektivgeschichte: Geelhaar und die alte Jeschke sind weiterhin daran interessiert, Hradschecks Schuld am Verschwinden Szulskis nachzuweisen, wozu Frau Jeschke etwa das Gerücht um den Spuk in Abels Keller erfindet (S. 117). Im letzten Kapitel, das ebenso den Charakter einer Detektivgeschichte trägt, gelingt es schließlich, den Verbleib des Handlungsreisenden aufzuklären, ohne dass jedoch der Tathergang rekonstruiert werden kann: Das Rätsel kann nur zum Teil gelöst werden, der Justiz wird die Möglichkeit entzogen, den mutmaßlichen Täter zu verhören und gegebenenfalls zu verurteilen.

Der Kampf um Integration und soziale Anerkennung

Die Bewohnerinnen und Bewohner des »großen und reichen Oderbruchdorfe[s] Tschechin« (S. 7) leben nach klaren Regeln und strengen Ordnungsprinzipien (S. 53). Der reiche Bauer Kunicke benennt ein wichtiges Kriterium, das darüber entscheidet, wer nun dazugehört und wer Außenseiter ist: »Jeder denkt an sein Geld. [...] Ja, das liebe Geld. Und wenn's viel ist, das heißt s e h r viel, dann darf man auch dran denken!« (S. 41, Hervorhebung im Text.)

■ Geldgier

Nach zehn Jahren Zugehörigkeit zur Bevölkerung ist es dem Ehepaar Hradscheck noch immer nicht gelungen, sich in die dörfliche Gemeinschaft zu integrieren. Ursel und Abel Hradscheck denken sehr oft an ihr Geld, allerdings nicht aus Wohlstand, sondern weil ihre finanziellen Nöte ihre Gedanken beherrschen: Sie stehen kurz vor dem Bankrott. Das liegt unter anderem daran, dass Ursel sich sehr viel Mühe gegeben hat, den anderen Dorfbewohnerinnen und -bewohnern durch ihr Unsummen von Geld verschlingendes »Vornehmtun« (S. 8) (unter anderem durch den eleganten Kleidungsstil und eine teure Einrichtung des Hauses) zu imponieren und sich den Eindruck einer »gewisse[n] Herrschaftlichkeit« (S. 8) zu verleihen. Ihr Plan scheitert jedoch daran, dass sie durch ihr übermäßiges Zurschaustellen ihres (angeblichen) Wohlstands nicht Bewunderung, sondern Neid schürt: Sie möchte sich in den Augen der Dorfgemeinschaft nicht als ebenso wohlhabend wie sie präsentieren, sondern sie übertreffen, und wirkt unersättlich: »Sie kann sich nie genug tun« (S. 31).

Zum Teil sind die Geldsorgen der Hradschecks auch Abels Bemühen geschuldet, sich in die Gemeinschaft der Bauern zu integrieren: So bewirtet er diese nicht nur, er gesellt sich beim Weintrinken auch gerne zu ihnen, was Ursel ihm als mangelnde Geschäftstüchtigkeit vorhält (S. 22).

Nur oberflächlich ergeben die Zeichen für den materiellen Wohlstand der Hradschecks »ein Bild von Glück und Frieden« (S. 9), in die Dorfgemeinschaft haben sich die beiden durch sie nicht eingliedern können, und sie müssen sich zudem mit der Frage auseinandersetzen, wie lange sie ihren bisherigen Lebensstil bei ihren finanziellen Engpässen noch beibehalten können. Abels Bemühungen, den Bedarf an Geld durch Spiel und Lotterie zu decken, scheitern. Sein Glücksspiel vergrößert im Gegenteil noch die finanziellen Nöte. Aber für Abel steht fest: »Nur nicht arm sein … Armut ist das Schlimmste.« (S. 19)

Das Motiv für Ursels Wohlstandsstreben liegt in ihrer Vergangenheit: Die negativen Folgen der Armut hat sie schon vor ihrer Ehe mit Abel kennengelernt. Entsprechend heftig fällt ihre Reaktion auf den drohenden Bankrott aus: Als Abel ihr die nahe Pleite vor Augen hält, droht sie sogar mit dem Selbstmord (S. 25). Besonders fürchtet sie sich vor den sozialen Folgen der Armut, der Schadenfreude Frau Quaas' und Frau Mietzels. Es ist freilich paradox, dass Ursel Wohlstand automatisch mit sozialer Anerkennung verknüpft, obwohl ihr angeblicher Wohlstand ihr bisher nicht zu einer Integration in die Dorfgemeinschaft verholfen hat, sondern im Gegenteil zu Lästereien und Argwohn. Dass Reichtum nur kombiniert mit Bescheidenheit – nicht mit Protzerei – zu Ansehen in der Dorfgemeinschaft führt, scheint Ursel erst spät zu verstehen, als sie »ganz klein und bescheiden« (S. 32) über die angebliche Erbschaft spricht und damit bewirkt, dass die Dorfgemeinschaft nicht mehr lästert, sondern verhältnismäßig achtungsvoll über die Höhe ihrer Erbschaft spekuliert (S. 32 f.). Hier zeigt sich besonders deutlich die Unaufrichtigkeit der Dorfgemeinschaft, die Anerkennung einerseits von Bescheidenheit abhängig macht, also Verschwiegenheit über die eigene finanzielle Lage erwartet, andererseits aber höchst neugierig ist, was die Finanzsituation einzelner Bewohnerinnen und Bewohner betrifft, und Reichtum zu einem entscheidenden Faktor für sozialen Status macht.

■ Wertewandel seit etwa 1830

Fontane hat bis 1885 die Entwicklung der bürgerlichen Gesellschaft nach dem Deutsch-Französischen Krieg (1870–71) verfolgen können. Für eine kleine

Minderheit hat sich zu Beginn des Kaiserreichs aufgrund der französischen Reparationszahlungen die Chance ergeben, viel Geld und geldwerten Besitz anzuhäufen. Beides gilt seitdem für große Teile der Gesellschaft als erstrebenswert, und so verschwenden sie enorme Energien darauf, ihren Reichtum noch weiter zu vergrößern. Dieses vielfach empfundene Glück über ein hohes Privateigentum hat Fontane nie geteilt. Um die negativen Folgen dieses fortwährenden Wertewandels zu veranschaulichen, stattet er die Bevölkerung Tschechins mit den ihm bekannten vorherrschenden Vorstellungen über die Bedeutung von Besitz aus. Der Besitz eines Menschen bestimmt seinen gesellschaftlichen Stand in der Dorfgemeinschaft, seine soziale Anerkennung. Fontane verdeutlicht in diesem Zusammenhang, wie die soziale Stellung eines Menschen seine Mitmenschen ›blind‹ macht für die Wahrnehmung seiner Persönlichkeit und seiner Verhaltensweisen. Das verzweifelte Streben nach sozialer Anerkennung, die die Hradschecks dadurch zu erlangen hoffen, dass sie ihren vermeintlichen Reichtum unter enormem finanziellen Aufwand zur Schau stellen, bedingt schließlich den Mord an Szulski: Nur in dieser Gewalttat sieht das Paar eine letzte Möglichkeit, den finanziellen Ruin – und damit womöglich den endgültigen Ausschluss aus der Dorfgemeinschaft – abwenden zu können. Die Bewohnerinnen und Bewohner Tschechins kommen also auch deshalb schlecht weg, weil ihre Werte und Normen erst die Bedingungen schaffen, unter denen sich die Hradschecks zum Mord an Szulski veranlasst sehen.

■ Soziale Rangordnung

Die Bevölkerung des Dorfes gliedert sich hierarchisch. Ganz oben stehen neben dem politischen Amtsträger (dem Ortsvorsteher Woytasch) und der kirchlichen Obrigkeit (Pfarrer Eccelius) die reichen Bauern (Kunicke, Quaas, Mietzel, Orth und Igel), erst dann folgen Bewohnerinnen und Bewohner anderer Berufsgruppen, etwa Hradscheck (»Bauerngut geht vor Gasthaus und Kramladen«, S. 53). Am Ende der Gesellschaftspyramide befinden sich der Nachtwächter Mewissen, die Dienstpersonen Male, Ede und Jakob sowie, als Außenseiterin, die alte Witwe Jeschke. Sie genießen noch weniger soziale Anerkennung als die Hradschecks, die lange Zeit als ›Fremdlinge‹ empfunden werden – die Dienstleute wegen ihres geringen Einkommens, die Jeschke vermutlich auch wegen ihrer bescheidenen finanziellen Situation (die sich etwa darin andeutet, dass sie in einem »kleine[n], etwas zurückgebaute[n] Haus« (S. 9) wohnt, wohl aber insbesondere wegen ihrer unkonventionellen Weltsicht, ihrer Aberglauben und angeblicher übernatürlicher Fähigkeiten.

■ Fremdenfeindlichkeit

Als Fremde, die keiner wohlhabenden Bauernfamilie entstammt, gilt Ursel Frau Quaas als »Bettelperson« und »hergelaufene[] Frau« (S. 31). Ebenso fremdenfeindlich zeigt sich Frau Mietzel, die sich am Zuzug Ursels stört und ihn als Anzeichen dafür deutet, dass das Dorf demnächst von »d[en] Zigeuner[n]« (S. 32) aufgesucht werden könnte. Wen sie darunter versteht, definiert Frau Mietzel nicht, bedient sich hier aber eines Begriffs, der als Fremdbezeichnung für Gemeinschaften genutzt wurde, die nomadisch lebten, sowie im Speziellen für Sinti und Roma, die auch zu Fontanes Lebzeiten Diskriminierung und Verfolgung erleiden mussten und ebendiese Bezeichnung ablehnten.

Nicht nur die finanzielle Situation und der Beruf spielen also eine entscheidende Rolle, was den sozialen Status innerhalb der Dorfgemeinschaft betrifft, auch die Herkunft bestimmt über die Position innerhalb der Dorfhierarchie. Ursel scheint vor diesem Hintergrund noch weniger die Voraussetzungen für eine Integration in die Dorfgemeinschaft zu erfüllen als Abel, der aus dem Nachbardorf stammt. Dieses Gefälle zwischen den Ehepartnern zeigt sich deutlich im Text: Während Abel soziale Kontakte pflegt und nicht nur als Wirt, sondern auch zum eigenen Amüsement den geselligen Zusammenkünften der Bauern beiwohnt, scheint die ortsfremde Ursel (abgesehen von Eccelius) keine Bekanntschaften im Dorf geknüpft zu haben.

Die Prinzipienlosigkeit der Dorfgemeinschaft

Die Hradschecks sind ohnehin schon Gegenstand der Lästereien der Dorfgemeinschaft, nach dem Verschwinden Szulskis geraten sie jedoch noch stärker ins Gerede. Die Dorfbewohnerinnen und -bewohner trauen ihnen mehrheitlich zu, dass sie etwas mit dem

Fall zu tun haben. Als die Nachforschungen der ermittelnden Personen um den Justizrat Vowinkel jedoch ins Stocken geraten, schlägt die Stimmung im Dorf zugunsten Abel Hradschecks um. Dazu trägt auch die Frömmigkeit Ursels bei, die kurz nach ihrem Zuzug vom Katholizismus zum Protestantismus übergetreten ist und die Einwohnerinnen und Einwohner Tschechins damit beeindruckt, auf einen Besuch Abels im Gefängnis zu verzichten und stattdessen für einen Beweis seiner Unschuld zu beten (S. 67 f.). Hier wird erneut die Doppelmoral der Dorfbevölkerung deutlich, die einerseits selbst als »unfromm« (S. 68) beschrieben wird, andererseits aber sozialen Status von der Konfessionszugehörigkeit (S. 87) und Frömmigkeit einer Person abhängig macht. Auch der rasche Sinneswandel von der Verdächtigung Abels hin zu Behauptungen seiner Unschuld, den allein der zähe Fortschritt der Ermittlungen und Sympathien für Ursel bewirken, verdeutlicht die Prinzipienlosigkeit der Einwohnerinnen und Einwohner Tschechins: Die Indizienlage spielt für ihre Einschätzungen über die (Un-)Schuld der Hradschecks und für ihren Wunsch, Abel verurteilt oder aus der Haft entlassen zu wissen, überhaupt keine Rolle.

■ Plötzlicher Sinneswandel

■ Eccelius als Ausnahme

Pfarrer Eccelius ist der Einzige, der den anfänglichen Verdächtigungen der Dorfgemeinschaft entschieden entgegentritt. Er spricht sich für die Hradschecks aus, bedauert in seinem Brief an Vowinkel insbesondere die Verleumdungen Ursels und beschreibt seine Gemeindemitglieder als »hochfahrend« (S. 58): Sie seien äußerst dünkelhaft und reagierten mit Hass, wenn sich ihnen jemand (wie Ursel) gleichgestellt oder überlegen fühle – deshalb sei die vorschnelle Beschuldigung der Hradschecks nicht verwunderlich.

Später leistet Eccelius mit seiner Predigt (S. 82 f.) einen wesentlichen Beitrag dazu, dass sich die Dorfbewohnerinnen und -bewohner ihrer vorschnellen Verdächtigung der Hradschecks schämen. Es ist allerdings auffällig, dass Eccelius diese Predigt erst hält, als Abels Unschuld schon bewiesen scheint: Es kann sich hier der Verdacht aufdrängen, dass er – auf seinen eigenen Ruf bedacht – die anprangernde Predigt so lange hinauszögert, bis er (vermeintlich) sichergehen kann, nicht versehentlich einen Mörder öffentlich in Schutz zu nehmen und so den eigenen Ruf zu schädigen.

Zudem wird Eccelius in seinem Handeln nicht allein von ethischen Überlegungen geleitet – vom Gedanken nämlich, dass man niemanden ohne eindeutige Beweislage öffentlich einer Straftat verdächtigen sollte; auch er handelt aus Sympathie: Aus Zuneigung zu Ursel, die er vom ›rechten Glauben‹ überzeugt zu haben glaubt, verteidigt er sie und ihren Gatten und bringt die Dorfbewohnerinnen und -bewohner (zeitweise sogar die alte Jeschke, S. 84) zum Schweigen. Ungewollt wird Eccelius so zum Erfüllungsgehilfen Abels, indem er verbleibende Zweifel gegen ihn ausräumt.

Interessant sind zudem die Reaktionen der Dorfgemeinschaft auf den Fund der Soldatenleiche: Auch hier kommt es zu Spekulationen über das Tatgeschehen; es werden Liebes- und Eifersuchtsdramen ersonnen, aber es gibt auch einen begründeten Verdacht, denn »ältere Leute [entsannen sich] sehr wohl« (S. 86), dass ein französischer Soldat (wohl während der Befreiungskriege gegen Napoleon) wegen der gewaltsamen Beschaffung von Nahrungsmitteln in Tschechin ermordet worden sei. Den Bewohnerinnen und Bewohnern scheint – ganz im Gegensatz zu ihrem regen Interesse am Fall Szulski – nicht viel an der Aufklärung der Umstände des Mordes am Soldaten gelegen zu sein. Hierin zeigt sich nochmals deutlich die Prinzipienlosigkeit der Tschechiner Dorfgemeinschaft: Es geht ihnen nicht um Gerechtigkeit, um das Bestreben, Straftaten grundsätzlich aufzuklären und zu ahnden. Im Falle des Soldaten will man womöglich vermeiden, jemandem nachträglich den Prozess zu machen, der sich als wehrhaft gegen einen feindlichen, gewaltvollen Soldaten erwiesen hat. Denn es ist durchaus denkbar, dass der oder die Mörder noch unerkannt im Dorf lebt oder leben. Die Dorfgemeinschaft entpuppt sich also als opportunistisch: Nur, weil sie hinter der Verurteilung ihrer Mitglieder einen Nutzen sieht – die Bestrafung der (zunächst) unbeliebten Hradschecks –, pocht sie zunächst auf eine Aufklärung des Verschwindens Szulskis.

Weitere Mörder in Tschechin?

Die unterschiedlichen Reaktionen der Hradschecks auf den Mord

Schon bei der Planung des Mordes an Szulski stellt sich bei Ursel eine innere Unruhe ein, während Abel zu diesem Zeitpunkt noch gefasst ist (S. 35). Im Anschluss an den Mord zeigen sich beide in verschiedenem Maße psychisch angeschlagen und bestrebt, ihre Erinnerungen zu verdrängen, indem sie durch Umbaumaßnahmen das Zimmer, in dem Szulski in der Mordnacht geschlafen hat, umgestalten lassen. Doch das genügt Ursel nicht: Ihr setzen die Erinnerungen und die anfängliche Unbekümmertheit ihres Mannes, vor dem sie sich zu fürchten beginnt, erheblich zu. Ihre körperliche Reaktion auf die enorme psychische Belastung ist eine lebensbedrohliche Erkrankung, die sie nicht überleben wird. Ihr bleiben nur noch wenige Wochen, in denen sie sich um die Gnade Gottes bemüht, damit sie einer Bestrafung für ihr Verbrechen im Jenseits entgehen kann. Sie legt Geld beiseite, für das sie Seelenmessen für Szulski lesen lassen will (S. 102 f.). Ihr früher Tod, der sich als Folge der seelischen Überbelastung erweist, erschüttert Abel zwar, führt aber nicht zu einem Umdenken (zur Reue).

■ Ursels innere Unruhe

Das ist angesichts des Verhaltens Abels zu Ursels Lebzeiten nicht verwunderlich: Schon bei der Planung des Mordes an Szulski zeigt sich dieser – ganz im Gegensatz zu seiner Frau – ruhig und nicht von Skrupeln geplagt. »[V]oll Beherrschung über sich selbst«

■ Abels Skrupellosigkeit,

(S. 35) geht er den Mordplänen wie auch den ausgefeilten Plänen zur Vertuschung seiner Tat nach: Bereits in der Mordnacht selbst verhält er sich äußerst vorausschauend und genau kalkulierend, wenn er die Aufmerksamkeit Frau Jeschkes beim Graben im Garten auf sich lenkt, um einen Verdacht gegen sich zu schüren, der ihn später entlasten wird.

… Gewieftheit, …

Bei der abschließenden Befragung kann Abel sein weiteres Lügengebilde »ohne Verlegenheit und Unruhe« (S. 81) vortragen und die gegen ihn noch existierenden Verdachtsmomente ausräumen. Auch dies muss er mit Weitsicht vorbereitet und die verdorbenen »Speckseiten« (S. 82) vergraben haben, die ihm als glaubwürdiger Grund für seine nächtlichen, von Frau Jeschke beobachteten Grabungen dienen. Abel ist es durch seine gefasste, vorausschauende Art gelungen, sämtliche gegen ihn gerichtete Vorwürfe zu entkräften, so dass er endgültig aus der Haft entlassen werden muss.

… Unbekümmertheit …

Auch nach der Haftentlassung scheint Abel zunächst unbekümmert: Er reist regelmäßig nach Frankfurt und Berlin, besucht Theatervorstellungen, unterhält die Gäste seiner Weinstube ausgelassen (S. 114) und schmiedet Heiratspläne (S. 117).

… und wachsende Unruhe

Doch ist Abel nicht durchgehend so ruhig. Zwar scheint er nicht, wie Ursel, von Gewissensbissen geplagt, wohl aber von der Angst, als Mörder entlarvt und bestraft zu werden. Deutlich wird das etwa, als Abel erfahren muss, dass er beim Verstecken der Leiche Szulskis trotz ausgefeilter Planung unachtsam war: Als Ede ihn mit dem im Keller gefundenen Knebelknopf konfrontiert, den er gar mit Szulskis Uniform in Zusammenhang bringt, wird Abel »kreideweiß […] und stottert[]« (S. 92), so dass die Anwesenden seiner Nervosität gewahr werden (S. 93).

Von entscheidender Bedeutung für Abels wachsende Nervosität ist Frau Jeschke, deren Andeutungen erstens Abel glauben machen, sie wisse vom Mord, und zweitens beim abergläubischen Dienstpersonal den Glauben schüren, es spuke in seinem Keller – ein für Abel äußerst gefährliches Gerücht, denn er vermutet, es könnte zu weiteren Untersuchungen führen (S. 127).

Während Abel den Mord an Szulski mit Kalkül und Vorsicht begeht, wird er nun nervös und fahrlässig: Bei dem Versuch, Szulskis Leiche unbeobachtet aus dem Keller verschwinden zu lassen, entfernt er zur Abdunklung des Kellerfensters ein Brett, das die Ölfässer im Flur befestigte (S. 133), schließt sich so durch ein auf die Tür zum Keller rollendes Fass versehentlich selbst ein (S. 135) und findet auf mysteriöse Weise den Tod. Die Furcht, als Täter entdeckt zu werden, lässt Abel zwar zur Vertuschung des Mordes Vorsichtsmaßnahmen treffen, aus Eile und Nervosität wird er jedoch in anderer Hinsicht fahrlässig.

Ordnung in der Welt Gottes

Eine Interpretation des Todes Abels liefert Eccelius in seinem Eintrag ins Kirchenbuch: Er sei »von der Hand Gottes getroffen« (S. 139) worden. Auch Fontanes eigene Interpretation geht in diese Richtung: Am Ende siegt laut dem Autor die göttliche Gerechtigkeit, gerade dann, wenn die irdischen richterlichen Instanzen versagen:

> »[D]as Schöne, Trostreiche, Erhebende schreitet aber gestaltlos durch die Geschichte hin und ist einfach das gepredigte Evangelium von der Gerechtigkeit Gottes, von der Ordnung in seiner Welt.«[4]

Trotz seines ausgeklügelten Plans entkommt Hradscheck seiner Bestrafung nicht. Der Autor signalisiert damit seiner Leserschaft, dass es in der Regel niemals ein ›perfektes‹, unentdecktes und ungeahndetes Verbrechen geben wird.

Fontane hat drei weitere Kriminalerzählungen (*Ellernklipp*, *Grete Minde*, *Quitt*) geschrieben, in denen er dieses Prinzip am Ende immer wieder betont und damit die bestehende Ordnung der Welt Gottes veranschaulicht. Wenn die juristische Bestrafung des Täters ausbleibt, reagieren sein Körper oder seine Psyche meist mit einer tödlich verlaufenden Krankheit. Fontane zeigt, dass verschiedene seelische Erkrankungen

4 Fontane (s. Anm. 1), S. 436.

(Angstzustände, Neurosen, Depressionen usw.) die Gefühls- und Skrupellosigkeit eines Verbrechers oft dann begleiten, wenn er keine Reue zeigt oder seine Schuld nicht eingesteht. Er umschreibt das in seinen Werken häufig mit dem bekannten Sprichwort: »Ein gutes Gewissen ist das beste Ruhekissen.« Die Ordnung der Welt Gottes wird nach Ansicht des Autors durch solche psychologischen Prinzipien aufrechterhalten.

Versagende Instanzen

Dorfgemeinschaft

Vor allem das Misstrauen der Dorfbewohnerinnen und -bewohner fremden Personen gegenüber, insbesondere solchen mit einer in der protestantisch geprägten Region unüblichen Glaubenszugehörigkeit, und ihre fremdenfeindlichen Befürchtungen vor dem Zuzug Auswärtiger behindern zunächst die Bemühungen der Hradschecks, sich ins dörfliche Leben zu integrieren.

Gegen alles Fremde

Ursels Dünkel und ihre Großtuerei empfinden die Tschechiner zudem als Unverschämtheit – erstens weil sie vermuten, sie versuche finanziellen Wohlstand bloß vorzutäuschen, zweitens weil es eine soziale Norm ist, bescheiden mit dem eigenen Reichtum umzugehen, d. h. möglichst über ihn zu schweigen. Doch trägt die Dorfgemeinschaft selbst zu Ursels Protzerei bei, ist Reichtum doch – auch wenn man im

Dorf nicht mit ihm prahlen sollte – ein entscheidender Faktor, um dort zu Ansehen zu gelangen. Das wird nicht zuletzt darin deutlich, dass die Dorfgemeinschaft erst beginnt, die Hradschecks »gelten zu lassen« (S. 32), als anzunehmen ist, sie seien durch eine Erbschaft zu Reichtum gekommen. Die Dorfgemeinschaft, die Geld eng mit sozialem Status verknüpft, trägt also maßgeblich zu Ursels Bemühen bei, sich als wohlhabend zu präsentieren: Als katholisch sozialisierte Zugezogene hat sie einen schweren Stand im Dorf und versucht, wenigstens durch vorgespiegelten Wohlstand Anerkennung zu gewinnen.

Der Dorfgemeinschaft kommt so, auch wenn freilich Abel und Ursel für den Mord an Szulski verantwortlich sind, eine entscheidende Rolle bei dem Verbrechen zu: Erst die hohe gesellschaftliche Wertschätzung von Besitz führt dazu, dass sich die Hradschecks vor einem Verlust ihres (sowieso schon geringen) Ansehens im Dorf angesichts ihres bevorstehenden Bankrotts fürchten: »[W]enn uns was passierte [gemeint ist die drohende Zahlungsunfähigkeit], dann würden sie lachen« (S. 25), formuliert Ursel ihre Sorge vor dem eigenen Statusverlust, der eigenen Lächerlichkeit in den Augen der Dorfgemeinschaft. Als einzigen Ausweg aus der Misere sehen Abel und Ursel die Ermordung Szulskis.

Der Mord als Folge gesellschaftlicher Verhältnisse

Dorfpolizei und Justiz

Die dörfliche Polizei, bestehend aus Schulze Woytasch und dem ihm unterstellten Gendarmen Geelhaar, erweist sich bei der Aufklärung des Falles Szulski verschiedentlich als inkompetent: Der Dorfschulze Woytasch trägt so gut wie gar nichts zur Aufdeckung des Mordes an Szulski bei. Ihm wäre es eventuell schon beim Verdacht, Abel könnte seine ehemalige Geliebte Rese ermordet haben, möglich gewesen, Abel durch eine Exhumierung der Leiche des Mordes zu überführen. Dies unterließ er jedoch laut Frau Mietzel, da er Aufregung vermeiden wollte und schwerfällig ist (S. 32). Auch bei der Untersuchung des ›Unfalls‹ Szulskis an der Oder bricht er die Suche nach Szulski sehr früh ab und delegiert seine Aufgaben an Geelhaar (S. 56). Nach dem Auffinden der Leichen in Abels Keller stellt er lediglich fest, dass die Schuld Abels nicht bewiesen sei. An einer weiteren Untersuchung ist er nicht interessiert, ebenso wenig daran, eine Schändung des Grabes Ursels zu verhindern. Seine Dienstpflichten vernachlässigt Woytasch also – aus Trägheit, möglicherweise aber auch, um »[s]eine Tschechiner« (S. 137) nicht zu verärgern und so das eigene Ansehen nicht in Gefahr zu bringen.

■ Beschränktheit, fehlender Aufklärungswille und Voreingenommenheit

Gendarm Geelhaar ermittelt im Gegensatz zu Woytasch zwar fleißig, doch handelt auch er nicht aus polizeilichem Ermittlungseifer, sondern aus einem Privatinteresse: Er sieht sich durch Abel gekränkt und möchte sich an ihm rächen (S. 68 f.). Auch seinen Rachegelüsten, dem Drang, Abel »ans Messer« (S. 69) zu liefern, ist es geschuldet, dass Abels Täuschungsmanöver funktioniert: Geelhaar meldet die Aussage Frau Jeschkes zu Abels nächtlichen Grabungen »gleich nach seinem Gespräche mit der Jeschke« (S. 74) und sorgt so aus Ungeduld dafür, dass die Exhumierung der Soldatenleiche ein Ereignis wird, zu dem eigens der Küstriner Justizrat anreist und das damit die Aufmerksamkeit der Dorfbevölkerung auf sich zieht. Hätte er mit mehr Vorsicht und Bedacht ermittelt, die Grabungen nicht zum Abel öffentlich entlastenden Ereignis werden lassen, so wäre der Justizrat nicht gezwungen gewesen, Abel aus der Haft zu entlassen. Auch Gendarm Geelhaar hat damit Anteil am Scheitern der Ermittlungen gegen Abel.

Der Hauptermittler, der Küstriner Justizrat Vowinkel, trägt durch sein nur zögerliches Einleiten der Ermittlungen dazu bei, dass die Aufklärung des Falles Szulski scheitert. Er will kein Aufsehen erregen und ermittelt nur, wenn neue Indizien den Verdacht gegen Abel erhärten. So verstreicht gleich eingangs viel Zeit, weil sich Vowinkel mit dem entlastenden Brief Eccelius' zunächst zufriedengibt. Im späteren Verlauf der Handlung entpuppt sich Vowinkel aber durchaus als kompetenter, mit Bedacht agierender Ermittler: So lässt er sich von Eccelius nicht erweichen, als sich der Verdacht gegen Abel nach Jakobs Aussage erhärtet und der Pfarrer sich dennoch gegen eine Verhaftung ausspricht. Dass Vowinkel während der Befragung der Dienstleute der Hradschecks kein »Aufsehn«

(S. 61) erregen will, ist möglicherweise ebenfalls ein kluger Schritt, denn er kann so nicht von der Dorfgemeinschaft unter Druck gesetzt werden – anders als nach der von Geelhaar veranlassten, zum öffentlichen Ereignis gewordenen Grabung im Garten der Hradschecks, als Vowinkel keine andere Wahl hat, als Abel aus der Haft zu entlassen.

Kirche (Pfarrer Eccelius)

Würde man von einem Pfarrer eigentlich Neutralität erwarten, so erweist sich Eccelius im Verlauf der Ermittlungen gegen Abel als deutlich voreingenommen: Als er von Vowinkel um eine Stellungnahme zu den Hradschecks gebeten wird, behauptet er gleich im ersten Satz, er könne »Zeugnis zu Gunsten der beiden Hradschecks ablegen« (S. 58), und er schließt mit der Versicherung, Ursel habe seine »besondere Sympathie« (S. 59). Sein Eintreten für die Hradschecks führt dazu, dass die Küstriner Justiz »die Sache vorläufig fallen ließ« (S. 60). Es sind nicht, wie man von einem neutralen Beurteiler erwarten würde, konkrete Indizien für die Unschuld der Hradschecks, die Eccelius zu seinen Versuchen motiviert, das Paar zu entlasten, sondern es ist seine Zuneigung zu Ursel, deren Konversion zum Protestantismus ihm schmeichelt. Abermals deutlich wird Eccelius' Parteilichkeit während der Vernehmung der Angestellten der Hradschecks. Schon eingangs betont der Erzähler die Parteinahme des Pfarrers: »Eccelius, der alles zu Gunsten der

Voreingenommenheit

Hradschecks gewendet zu sehen wünschte« (S. 61). Schließlich versucht der Pfarrer, die Abel belastenden Hinweise Jakobs zu verharmlosen, um Vowinkel von der Idee abzubringen, gegen den Verdächtigen zu ermitteln. Nachdem er durch seinen Brief an Vowinkel Ermittlungen gegen die Hradschecks tatsächlich verhindern kann, scheitert Eccelius jedoch mit seinem Bemühen, die Hradschecks erneut vor Ermittlungen zu bewahren. Der Justizrat Vowinkel bewahrt sich – trotz seiner Freundschaft zu Eccelius (S. 58) – seine Neutralität, erkennt die Wichtigkeit der Beobachtungen Jakobs und lässt Abel festnehmen.

Bezüge zu realhistorischen Ereignissen

Fontane hat sich von Ereignissen in Letschin im Jahr 1836 zur Handlung von *Unterm Birnbaum* inspirieren lassen, zugleich nimmt er aber auch auf realhistorische Ereignisse Bezug, die sich um 1831 zugetragen haben. Diese künstlerische Freiheit erlaubt es ihm, zahlreiche Bezüge auch zu seiner Gegenwart herzustellen. Zum einen kann er durch die Erwähnung des »polnischen Aufstand[s]« (S. 38) von 1830 bis 1831 gegen die russische Herrschaft und für nationale Unabhängigkeit indirekt Kritik an der Bismarck'schen Behandlung der polnischen Bevölkerungsteile auf preußischem Territorium üben. Denn als Fontane an *Unterm Birnbaum* schrieb, betrieb auch Preußen unter Initiative von Otto von Bismarck Unterdrückungsmaßnahmen gegen polnische Einwohnerin-

■ Polenfeindlichkeit

nen und Einwohner. Jene von ihnen mit russischer und österreich-ungarischer Staatsangehörigkeit wurden häufig aus Preußen ausgewiesen, und man versuchte, die polnische Kultur und Sprache etwa durch starke Einschränkungen, was Polnisch als Unterrichtssprache betraf, zu verdrängen. Szulskis Schilderungen der grausamen Beendigung des polnischen Aufstands mögen Fontane also dazu gedient haben, subtil Kritik auch an den jüngsten Repressionen der preußischen Regierung gegen die polnische Bevölkerung zu üben.

Betrachtet man einige Textstellen genauer, so fällt auf, dass Fontane auch die Dorfgemeinschaft Tschechins mit jener Polenfeindlichkeit versehen hat, die der preußischen Regierung zur Entstehungszeit des Textes zu eigen war: Nachdem Szulski scheinbar verunglückt ist, begeben sich die Tschechiner auffällig unbekümmert auf die Suche nach ihm, »plauderte[n], ganz wie bei Dachsgraben und Hühnerjagd« (S. 55) – ein Vergleich des Erzählers, der die Leserinnen und Leser unweigerlich darauf aufmerksam machen muss, dass den Suchenden nicht viel am Wohl Szulskis gelegen ist.

Weitere Verbindungen ergeben sich zwischen dem polnischen Adel, wie er in Szulskis Schilderungen beschrieben wird, und dem preußischen Adel zu Fontanes Zeit. »[V]erschacher[n]« (S. 41) die polnischen Adligen die Aufständischen, verraten sie ans russische Militär, so können die preußischen Adligen, begünstigt durch Bismarcks Gesetzgebung, Bauern ausbeuten. Fontane hat sich immer gegen den Adel ausgesprochen, der seine politische wie gesellschaftliche Verantwortung gegenüber den von ihm Abhängigen nicht angemessen wahrnahm.

Napoleonische Kriege

Schließlich spielt das Jahr 1813, also die Zeit der Befreiungskriege gegen Napoleon, in *Unterm Birnbaum* eine Rolle. In diesem Zeitraum soll der französische Soldat in Tschechin getötet worden sein – ein mögliches Indiz dafür, dass im Dorf ein kollektiver Mord an einem feindlichen und noch dazu gierigen (S. 86) Soldaten Napoleons verübt worden sein könnte und die Beteiligten noch unter den Bürgerinnen und Bürgern zu finden sind. Dies wäre eine plausible Erklärung dafür, dass die Dorfbevölkerung an Untersuchungen zum Fund der Soldatenleiche nicht interessiert ist: An die schmerzlichen Zeiten des Krieges will sich die Bevölkerung Tschechins möglicherweise nicht zurückerinnern und die am Mord Beteiligten nicht der Justiz ausliefern.

7. Autor und Zeit

Biografie und Bibliografie

Theodor Fontane wird am 30.12.1819 in Neuruppin geboren. Nach einer relativ kurzen Volksschulzeit im Jahr 1827 siedelt er mit seinen Eltern nach Swinemünde über. Dort erhält er Privatunterricht, unter anderem von seinen Eltern, bis er ab 1832 in Neuruppin das Gymnasium besucht. Schon 1833 wechselt er an eine Gewerbeschule in Berlin, die er mit der mittleren Reife beendet. 1836 beginnt er zunächst eine Apothekerlehre, die er nach zahlreichen Unterbrechungen 1847 als »Apotheker erster Klasse« abschließt. 1839 startet er erste literarische Versuche, schreibt eine Erzählung und Gedichte.

■ Schulbesuch und Ausbildung

Während die Erzählung *Geschwisterliebe* kaum Beachtung findet, gelingt ihm mit seinen Gedichten mehr als ein Achtungserfolg. Vor 1850 verfasst Fontane vor allem Gelegenheits-, Natur- und Zeitgedichte. Sie sind häufig von den Themen und Stoffen der Spätromantik (Hinwendung zum Katholizismus, zur Mystik und zum Unheimlichen, bekannt als Schauerromantik, zunehmend konservative und restaurative Bestrebungen) beeinflusst. Mit der Revolution 1848/49 und dem Anwachsen demokratischer Bestrebungen in der Gesellschaft wendet er sich von den Gegenständen der Spätromantik ab und stärker der politischen Lyrik zu. Besonderen Stellenwert nehmen die Balladen in seinem literarischen Schaffen ein.

■ Lyriker

Durch seine Englandaufenthalte wird er mit dieser Gattung vertraut. Sein bekanntestes Vorbild ist der schottische Dichter Walter Scott. Seine Stoffe und Gegenstände (Archibald Douglas, Jung-Walter, Chevy-Chase, Robin Hood), die in der Regel um ›Begebenheiten‹ im schottischen Adel kreisen und von Freundschaft, Liebe und Verrat handeln, und auch die anderer englischsprachiger Dichter greift Fontane auf und gestaltet sie in seinen eigenen Balladen. Bis 1860 schreibt er so viele Balladen, dass er eine erste Sammlung herausbringen kann. Durch sie erhält er nicht nur im »Tunnel über der Spree«, einer Berliner literarischen Gesellschaft, erste Anerkennung, sondern sie beschert ihm über Berlin hinaus die Aufmerksamkeit und den Beifall des Literaturbetriebs. In den nächsten Jahren erweitert er den Themenbereich seiner Balladen um Stoffe aus der preußischen und skandinavischen Geschichte.

Er hält zeit seines Lebens an der Lyrik fest, wählt aber in der Zeit um 1885 eine andere Richtung. Zum einen beschäftigt er sich immer mehr mit tagesaktuellen Themen und Ereignissen, und zum anderen nähert er seine lyrische Ausdrucksweise stärker der Umgangssprache an, wie etwa in seinen Balladen *John Maynard* (1886) und *Herr von Ribbeck auf Ribbeck im Havelland* (1889) zu beobachten ist. Die letztgenannte ist sicherlich seine bekannteste Ballade.

In seiner ›Alterslyrik‹ setzt sich Fontane mit seinen Erfahrungen des Alterns auseinander. Ein anderes Anliegen des Autors ist die Kritik am politischen und

Abb. 6: Theodor Fontane, Porträt von Carl Breitbach (1883)

gesellschaftlichen Stillstand und das Festhalten an veralteten anti-demokratischen Vorstellungen. Er spricht sich in seinen Gedichten vehement gegen die von ihm als Fehlentwicklungen wahrgenommenen Tendenzen der Herrschenden aus, sich gegen seiner

Ansicht nach längst überfällige gesellschaftliche Reformen zu sträuben.

Während der Revolution 1848/49 setzt er sich mit Fragen zur nationalen Einheit und zur bürgerlichen Freiheit auseinander. Nach nur zwei Jahren gibt er 1849 seinen Apothekerberuf auf, um als Journalist bei verschiedenen Zeitungen zu arbeiten. Im Jahr darauf heiratet er Emilie Rouanet-Kummer. Die Ehe leidet von Anfang an unter den schwierigen finanziellen Verhältnissen, weil Fontane nur mäßig erfolgreich ist. In den nächsten Jahren übt er verschiedene Berufe im Zeitungswesen aus, unter anderem ist er als (Auslands-)Korrespondent und Redakteur tätig, um die wachsende Familie ernähren zu können, denn das Paar bekommt 1851 einen ersten Sohn, und es folgen sechs weitere Kinder, von denen jedoch drei kurz nach der Geburt sterben. Im Auftrag der preußischen Regierung unternimmt er mehrere Reisen nach England, wo er als Korrespondent arbeitet. Ab 1860 ist er Redakteur bei der konservativen Berliner *Kreuz-Zeitung*.

■ Journalist und Reiseliteratur-Schriftsteller

Ein Jahr später erscheint der erste Band seiner *Wanderungen durch die Mark Brandenburg* (unterhaltsame Reisebeschreibungen aus der Umgebung von Berlin), mit denen Fontane seinen Bekanntheitsgrad weiter vergrößern kann. Im Zeitraum von 1863 bis 1882 werden drei weitere Bände folgen. Wieder zwingen ihn die finanziellen Verhältnisse, als Kriegsberichterstatter den wirtschaftlichen Unterhalt seiner wachsenden Familie zu sichern (1864, während des

Deutsch-Dänischen Krieges, in Schleswig-Holstein, 1866, während des Preußisch-Österreichischen Krieges, in Böhmen und 1870, während des Deutsch-Französischen Krieges, in Frankreich). 1869 trennt er sich wieder von der *Kreuz-Zeitung* und schreibt lange Zeit, bis 1889, für die *Vossische Zeitung* Theaterkritiken. Den Deutsch-Französischen Krieg 1870/71 erlebt er als Kriegsberichterstatter und gerät dabei in Gefangenschaft. Es entstehen mehrere Bücher über den Krieg, in denen Fontane seine Kriegserlebnisse schildert.

Auf dem Weg zum Ruhm

1876 fasst er den Entschluss, freier Schriftsteller zu werden. In rascher Folge entstehen die ersten noch wenig erfolgreichen Romane: *Vor dem Sturm* (1878, historischer Roman), *Grete Minde* (Vorabdruck 1879, erste Buchausgabe 1880, historischer Roman) und zahlreiche weitere, die heute unter dem Begriff Nebenwerke zusammengefasst und von der Forschung wenig beachtet werden. Zwischendurch hält er sich mit Kriminalerzählungen über Wasser: *Ellernklipp* (1881) und *Unterm Birnbaum* (1885). Die erhoffte Anerkennung findet er auch in dieser Gattung nicht. 1880 erscheint sein erster Eheroman, der zugleich auch gesellschaftskritische Töne aufweist: *L'Adultera* (ital. ›Die Ehebrecherin‹). Es folgen mit *Cécile* (1886, Eheroman), *Irrungen, Wirrungen* (1887, Gesellschaftsroman) und *Stine* (1890, Gesellschaftsroman) weitere gesellschaftskritische Romane, die mehr Aufmerksamkeit erregen und Fontane einen größeren Bekanntheitsgrad verschaffen, weil sie die niederdrückenden gesellschaftlichen Pro-

Abb. 7: Arbeitszimmer Fontanes in der Potsdamer Straße, Aquarell von Marie von Bunsen (1898); Stadtmuseum Berlin, Inv.-Nr. V 67/866,08,14 – © Stiftung Stadtmuseum Berlin, Reproduktion: Oliver Ziebe, Berlin

bleme der Protagonistinnen wirklichkeitsnah darstellen. Nach 1890 schreibt er seine bekanntesten Romane *Frau Jenny Treibel* (1892, Gesellschaftsroman), *Effi Briest* (1894/95, Gesellschafts- und Eheroman) und *Der Stechlin* (1897/98, Gesellschaftsroman). *Effi Briest* verschafft ihm seinen endgültigen Durchbruch und sichert ihm seine heutige Stellung unter den ›Klassikern‹ der deutschen Literatur.

Unterbrochen wird Fontanes produktive Schreibarbeit an den Gesellschaftsromanen 1893 durch eine ihn psychisch stark belastende Schreibblockade. Auf Anraten seines Arztes verfasst er seine Lebensgeschichte, die in zwei umfangreichen autobiografischen Bänden erscheint: *Meine Kinderjahre* (1893) und *Von Zwanzig bis Dreißig* (1898).

Schreiben als Therapie

Der letzte vollendete Roman Fontanes, *Der Stechlin* (1897/98), gilt als sein erzählerisches Meisterwerk, findet aber in der Regel nur bei Fontane-Kennerinnen und -Kennern Anklang. Erst im Jahre 1906 erscheint posthum *Mathilde Möhring*, ein Gesellschaftsroman, den Fontane nicht mehr selbst zur Publikationsreife gebracht hat. In der Vergangenheit wurde er in vielerlei Hinsicht sehr kontrovers diskutiert, heute halten Expertinnen und Experten ihn für Fontanes modernsten Roman. Es steht darin eine Frau im Mittelpunkt, die einen Mann heiratet, dem sie in allen Belangen überlegen ist. Der Ehemann weiß um seine Schwächen und sieht gerade deshalb in ihr seine ›bessere Hälfte‹. Sie sind zusammen gesellschaftlich und beruflich sehr erfolgreich. Fontane veranschaulicht damit seine Vorstellungen vom ›neuen‹ Verhältnis und vom Miteinander von Frau und Mann: Gemeinsam können sie die Herausforderungen des Lebens meistern, indem sie sich ergänzen. Zwar stirbt der Mann früh, Mathilde aber meistert ihr Leben und emanzipiert sich.Theodor Fontane stirbt am 20. September 1898 in Berlin.

Literaturtheoretische und politische Positionen

Fontane hat kein literarisches Konzept für sein Schreiben formuliert. Aus zahlreichen Äußerungen in den Briefen, Tagebüchern und Kritiken muss man seine Auffassungen erschließen. Seine zentralen Überlegungen beziehen sich auf die Wirklichkeitsdarstellung in der Literatur. 1853 umreißt er in einem Aufsatz *Unsere lyrische und epische Poesie seit 1848* seine Überzeugungen zum **Realismus**, der etwa ab der Mitte des 19. Jahrhunderts die maßgebliche Kunstrichtung darstellt:

■ Fontanes Realismus-Auffassung

> »Was unsere Zeit nach allen Seiten hin charakterisiert, das ist ihr Realismus. […] Er ist die Widerspiegelung alles wirklichen Lebens, aller wahren Kräfte und Interessen im Elemente der Kunst […]. Der Realismus will […] das Wahre. Er schließt nichts aus als die Lüge, das Forcierte, das Nebelhafte, das Abgestorbene – vier Dinge, mit denen wir glauben, eine ganze Literaturepoche bezeichnet zu haben.«[5]

5 Theodor Fontane, »Unsere lyrische und epische Poesie seit 1853«, in: T. F., *Werke, Schriften und Briefe*, hrsg. von Walter

Demnach hat also die Kunst die Aufgabe, die wahrnehmbare Welt realitätsnah widerzuspiegeln, wobei aber kein ›Abbild‹ entstehen soll. Zwar sollen die Rezipierenden zwischen der Realität und der von den Künstlerinnen und Künstlern in ihren Werken gestalteten Welt keinen Unterschied wahrnehmen, doch sollen die Künstlerinnen und Künstler die wahrgenommene Außenwelt durch ihre künstlerischen Fähigkeiten (Intensität, Klarheit, Übersichtlichkeit und Abrundung) ›überformen‹. Fontane spricht sich wie die Theoretiker der Realismuskonzeption dafür aus, die hässlichen Seiten der Wirklichkeit auszusparen beziehungsweise sie durch künstlerische Bearbeitung abzumildern. Er bezeichnet dieses Prinzip als **Verklärung**.

Künstlerische Prinzipien: Verklärung und Modelung

Daneben benennt der Autor noch das Prinzip der **Modelung**, die der realistische Künstler bei der Produktion seiner Werke zu berücksichtigen hat:

> »Denn es bleibt nun mal ein gewaltiger Unterschied zwischen dem Bilde, das das Leben stellt und dem Bilde, das die Kunst stellt; der Durchgangsprozess, der sich vollzieht, schafft doch eine rätselvolle Modelung und an dieser Modelung haftet die künstlerische Wirkung, die Wirkung überhaupt.«[6]

Keitel und Helmuth Nürnberger, Abt. III: *Aufsätze, Kritiken, Erinnerungen*, Bd. 1: *Aufsätze und Aufzeichnungen*, hrsg. von Jürgen Kolbe, München 1969, S. 236–244.

6 Theodor Fontane, Rezension zu Holz/Schlaf: *Die Familie Selicke*, in: T. F., *Sämtliche Werke*. Abt. III: *Aufsätze, Kritiken,*

Fontane hat, wie schon weiter oben erklärt, kein Programm entwickelt, das er seinen schriftstellerisch tätigen Kolleginnen und Kollegen als Arbeitsgrundlage empfohlen hat. Es handelt sich bei seinen Überlegungen um Kriterien, die die Gestaltungsrichtlinien seiner eigenen Produktion beschreiben und seinem Publikum einen Ausblick bieten sollen, was es bei der Lektüre seiner Texte erwartet.

> »Was soll ein Roman? Er soll uns, unter Vermeidung alles Übertriebenen und Hässlichen, eine Geschichte erzählen, an die wir glauben. Er soll zu unserer Phantasie und unserem Herzen sprechen, Anregung geben, ohne aufzuregen; er soll uns eine Welt der Fiktion auf Augenblicke als eine Welt der Wirklichkeit erscheinen, soll uns weinen und lachen, hoffen und fürchten, am Schluss aber empfinden lassen, teils unter lieben und angenehmen, teils unter charaktervollen und interessanten Menschen gelebt zu haben, deren Umgang uns schöne Stunden bereitete, uns förderte, klärte und belehrte. […] Noch einmal also: der moderne Roman soll ein Zeitbild sein, ein Bild *seiner* Zeit.«[7]

Erinnerungen. Bd. 2: *Theaterkritiken*, hrsg. von Walter Keitel und Helmuth Nürnberger, München 1969, S. 847.

7 Theodor Fontane, Rezension zu Gustav Freytag: *Die Ahnen*, in: T. F., *Sämtliche Werke*, hrsg. von Walter Keitel und Helmuth Nürnberger, Abt. III: *Aufsätze, Kritiken, Erinnerungen*, Bd. 1: *Aufsätze und Aufzeichnungen*, hrsg. von Jürgen Kolbe, München 1969, S. 316–325, hier S. 319.

Zeitbilder und Bilder der Zeit

Im Gegensatz zu vielen anderen Schriftstellerinnen und Schriftstellern seiner Zeit besteht Fontane darauf, dass es einen qualitativen Unterschied bei der Auswahl und vor allem bei der Darstellung von Themen und Stoffen in der Literatur gibt. Er unterteilt in zwei Gruppen von Literaturschaffenden: Die eine Gruppe gestalte ihre Werke überwiegend nach dem Publikumsgeschmack und verzichte weitestgehend auf eine künstlerisch ansprechende realistische Darstellung der gesellschaftlichen Verhältnisse. Die Werke der anderen Gruppe, zu der er sich selbst zählt, würden sich häufig durch eine begründete und künstlerisch ansprechende Kritik an den herrschenden Zuständen auszeichnen.

Die Bedeutung des Publikumsgeschmacks

»Der Mensch, der so viel sein kann, ist in der Gesellschafts- und Geldsphäre doch recht wenig. […] Die ›Gesellschaft‹ ist ein Scheusal.«[8] »Gesellschaft« – an anderer Stelle, in seinem Roman *Effi Briest*, wird Fontane noch deutlicher, wenn er vom »tyrannisierende[n] Gesellschafts-Etwas«[9] schreibt – meint hier die soziale Sphäre, in der Fontane selbst sich bewegte, und die ihren Mitgliedern unmenschliche Regeln (Einhaltung der sozialen Normen der herrschenden gesellschaftlichen Eliten) auferlegte. Fontane beschäftigt sich zu Beginn seiner literarischen Tätigkeit insbesondere mit Fragen des friedlichen Umgangs der

Zeit- und Gesellschaftskritik

8 Brief Theodor Fontanes an seine Tochter Martha vom 22. August 1895, in: Fontane (s. Anm. 1), S. 473.

9 Theodor Fontane, *Effi Briest*, hrsg. von Wolf Dieter Hellberg, Stuttgart 2017, S. 265.

Menschen miteinander, und machte es sich zur Aufgabe, gesellschaftliche Missstände und ihre Auswirkungen auch auf kleinste soziale Gefüge, etwa Familien, literarisch zu erörtern. In *Grete Minde* beklagt er die Unmenschlichkeit des Bruders der gleichnamigen Hauptfigur. Dieser verstößt sie aus seinem Haushalt und enthält ihr das berechtigte Erbe vor. Ferner prangert Fontane die Unbarmherzigkeit der älteren Schwägerin Gretes an, die Erziehungspflichten am Waisenkind Grete wahrnehmen soll, es ständig schikaniert und schließlich auf die zu diesem Zeitpunkt noch Minderjährige einschlägt. Rasende Eifersucht ist das Motiv eines Vaters in Fontanes Roman *Ellernklipp*, seinen Sohn umzubringen.

Am stärksten tritt jedoch die Gesellschaftskritik in seiner Kriminalnovelle *Unterm Birnbaum* hervor. Wie oben bereits dargestellt, stellt der Autor zum einen die Besitz-, Geld- und Geltungsstreben, die wesentliche Merkmale des Denkens und Verhaltens der Bewohnerinnen und Bewohner Tschechins sind und letztlich den Anlass für den heimtückischen Mord an Szulski geben, als schädlich für die Gemeinschaft heraus. Zum anderen lässt sich der Text als Kritik am Gerede der Menschen lesen, durch das andere vorverurteilt und zu sozialen Außenseitern gemacht werden. Schließlich bemängelt er die Schwerfälligkeit und die unzureichenden Kompetenzen der Repräsentanten der preußischen Bürokratie, wie sie in Schulze Woytasch, Gendarm Geelhaar und dem Amtsrat dargestellt sind. Literatur hat für Fontane also nicht nur das

Potenzial, sondern auch die Verpflichtung, gesellschaftliche Verhältnisse zu kommentieren und zu kritisieren und die Leserschaft auf soziale Missstände aufmerksam zu machen – auch dies ist ein Aspekt seines Verstandnisses vom Realismus.

8. Rezeption

Zeitgenössische Reaktionen

Zeitgenössische Rezeption

Fontanes Voraussagen zum (wirtschaftlichen) Erfolg seiner Kriminalnovelle, in die er monatelang seine Energien hineingesteckt hat, bestätigen sich: »Möchte auch der Verkauf flink gehn, aber es wird wohl nicht, und dann schwindet die letzte Hoffnung auf Erfolg hin.«[10] Das Publikum nimmt seine Kriminalnovelle *Unterm Birnbaum* nicht gut an. Einerseits bietet sie den Leserinnen und Lesern des als Fortsetzungsgeschichte publizierten Textes zu wenig Unterhaltung und Brutalität. Sie erwarten weniger anspruchsvolle, dafür aber unterhaltsamere Literatur. Auf der anderen Seite enttäuscht auch die Buchausgabe der Novelle, zu der tendenziell ein engagiertes Lesepublikum greift: Die Novelle weist ihnen zu geringe Ansprüche auf. Sie erwarten mehr literarisch-künstlerisch gestaltete Literatur, stören sich an Fontanes Verwendung des ostniederdeutschen Dialekts. In seinem Tagebuch notiert Fontane für den Erscheinungszeitraum der Buchausgabe: »Die Novelle ›Unterm Birnbaum‹ erscheint bei Müller-Grote und macht selbstverständlich gar keinen Eindruck. Absatz womöglich noch schlechter als bei Hertz.«[11]

10 Brief Fontanes an Georg Friedländer vom 16. November 1885, in: Fontane (s. Anm. 1), S. 435.

11 Tagebucheintragung vom 18. November bis 31. Dezember 1885, in: Theodor Fontane, *Tage- und Reisetagebücher*, Gro-

Doch gab es auch wohlwollende Reaktionen, etwa eine Rezension Ludwig Pietschs in der *Vossischen Zeitung* (siehe die Textgrundlage zu Aufgabe 1 im Kapitel Prüfungsaufgaben, S. 115–117), der unter anderem Fontanes Kunst lobt, die Handlung nicht in allen Details zu erzählen, sondern einige Details zu verschweigen. Fontane hat sich in einem Brief vom Dezember 1885 ausdrücklich bei ihm für die Besprechung bedankt. Pietsch lobte vor allem »die Feinheit der Motivierung, de[n] Aufbau[] der Handlung, d[ie] Schürzung aller Fäden«.[12]

Haupt- oder Nebenwerk?

Lange Zeit galt Fontanes Kriminalnovelle in der Forschung als Nebenwerk. Literaturwissenschaftlerinnen und -wissenschaftler richteten ihr Augenmerk verstärkt auf die »Berliner Alltagsgeschichten« (*Cécile, Irrungen, Wirrungen, Stine*), auf die Gesellschaftskritik in *Frau Jenny Treibel* und das Spätwerk (vor allem *Effi Briest* und *Der Stechlin*) sowie auf Fontanes Briefe. Im Gegensatz zu den Stimmen, die der Novelle

■ Aktuelle Rezeption

ße Brandenburger Ausgabe, 2 Bde., Bd. 2: *Tagebücher. 1866–1882 / 1884–1898*, hrsg. von Gotthard Erler unter Mitarbeit von Therese Erler, Berlin 1994, S. 230. Wilhelm und Hans Hertz haben verschiedene Werke Fontanes verlegt.

12 Ludwig Pietsch, Rezension zu Theodor Fontane: *Unterm Birnbaum*, in: Theodor Fontane: *Romane und Erzählungen in acht Bänden*, Bd. 4: *Graf Petöfy, Unterm Birnbaum, Cécile*, hrsg. von Peter Goldammer, Berlin und Weimar [3]1984, S. 552–554.

Unterm Birnbaum geringe Bedeutung beimaßen, spricht der Fontane-Experte Hans-Heinrich Reuter von einer »meisterhaft« dargestellten Geschichte. Er zählt sie »zu den wenigen bedeutenden Kriminalerzählungen der deutschen Literatur«.[13] Als besonderen Vorzug dieses Werkes hebt er Fontanes Bemühen hervor, »die Reflexe der sozialen Vorurteile und Tabus«[14], d. h. die Folgen gesellschaftlicher Normen und Werte für einzelne Gesellschaftsmitglieder herauszuarbeiten.

2004 hat Sylvain Guarda seine Studie *Theodor Fontanes »Neben«-werke* vorgelegt. Darin gelangt Guarda zu dem Ergebnis, dass die Novelle nicht zufriedenstellen könne, weil sie wichtige Fragen – insbesondere hinsichtlich der Bedeutung des Mordes am französischen Soldaten – offenlasse. Diese Fragen müssten die Leserinnen und Leser jedoch klären, um »in den Novellenkern vorzustoßen, um den vorangegangenen Mord zutage zu fördern«.[15]

Katharina Grätz zählt *Unterm Birnbaum* in ihrer 2015 vorgelegten Studie »zu den bekanntesten deutschsprachigen Kriminalerzählungen«.[16] Sie sieht in dem Werk eine Verbindung der Genres Kriminalerzählung und Dorfgeschichte. Zunächst rückt sie die

13 Hans-Heinrich Reuter, *Fontane*, Bd. 2, Berlin 1968, S. 632 f.
14 Reuter (s. Anm. 13), S. 633.
15 Sylvain Guarda, *Theodor Fontanes »Neben«-werke. Grete Minde, Ellernklipp, Unterm Birnbaum, Quitt: ritualisierter Raubmord im Spiegelkreuz*, Würzburg 2004, S. 50.
16 Katharina Grätz, *Alles kommt auf die Beleuchtung an. Theodor Fontane – Leben und Werk*, Stuttgart 2015, S. 105.

»subversive Dorfgeschichte«[17] in den Fokus, die die Entstehung von Gerüchten und die Manipulierbarkeit der Meinungen und des Bewusstseins demonstriere. Ferner werde deutlich, wie die Voreingenommenheit das Verhalten der kirchlichen und weltlichen Dorfobrigkeit bestimme beziehungsweise welche Folgen der Dorfklatsch der (bäuerlichen) Bevölkerung hervorbringen könne.

Grätz lenkt den Blick zudem auf die aktive Rolle der Leserschaft, die in »detektivische[m] Lesen«[18] gefordert sei. Weil sie die Leserinnen und Leser dazu anrege, von ihrer Kompetenz Gebrauch zu machen, Handlungszusammenhänge nach und nach zu erschließen, die der Text durch eine »ausgetüftelte Erzähltechnik« oft undurchsichtig lasse, unterscheide sich Fontanes Novelle »von schnell konsumierbarer Unterhaltungsware«.[19] Fontane lasse die Leserinnen so als »beobachtende und deutende Instanz am Geschehen teilnehmen«.[20]

Adaptionen im Fontanejahr 2019

Zum 200. Fontane-Jubiläum drehte das ZDF 2019 eine modernisierte Fassung des Klassikers *Unterm Birnbaum.* Dabei handelt es sich um eine am Originaltext orientierte Neufassung. Für die Adaption in ein zeitgenössisches Thriller-Drama zeichnet Drehbuchautorin Léonie-Claire Breinersdorfer verantwortlich. Die Dreharbeiten sind in Brandenburg, Thüringen und Po-

Film

17 Grätz (s. Anm. 16), S. 106.
18 Ebd., S. 109.
19 Ebd., S. 110.
20 Ebd.

len gelaufen. Ausstrahlungen der Koproduktion von ZDF und ARTE fanden passend zum Fontane-Jubiläum im Dezember 2019 statt.

Graphic Novel

Die Hamburger Comic-Autorin Birgit Weyhe hat 2019 eine Comic-Adaption der Novelle *Unterm Birnbaum* gestaltet. Die gruselige und stark gekürzte Novelle spielt – wie schon Fontanes Novelle – in einem fiktiven Dorf in Brandenburg.

Theater

Das Theater am Rand in Oderaue hat Fontanes *Unterm Birnbaum* als Stück mit aktueller Kapitalismuskritik inszeniert. In einer Rezension zur Inszenierung heißt es:

> »Doch letztlich erzählt Fontanes Werk von menschlichen Abgründen, die universal gelten – von der New Yorker Wall Street bis zu brandenburgischen Dörfern wie Neulewin, in denen *Unterm Birnbaum* spielt. Tratschen, Töten, Kohlescheffeln – diese Sünden werden verhandelt.«[21]

Filmadaptionen älteren Datums

Der älteste Literaturfilm nach der Novelle Fontanes trägt den Titel *Der stumme Gast*. Regisseur ist Harald Braun; der UFA-Film stammt aus den Jahren 1944 bis 1945.

21 Maurice Mojach, »Wie Fontanes *Unterm Birnbaum* zur aktuellen Kapitalismuskritik avanciert«, in: *Märkische Allgemeine* (17. 3. 2019), zit. nach: www.maz-online.de/Nachrichten/Kultur/Wie-Fontanes-Unterm-Birnbaum-zur-aktuellen-Kapitalismuskritik-avanciert-im-Theater-am-Rand-in-Oderaue-Barnim (Stand: 26. 11. 2020).

Eine weitere filmische Adaption hat den Originaltitel beibehalten. Ralf Kirstens Adaption von 1973 konzentriert sich ganz auf die sozialen Verhältnisse und das Milieu um 1830. Das Ende liefert eine gut nachvollziehbare Todesursache Hradschecks: Er stürzt beim Versuch der Umbettung der Leiche Szulskis die Kellertreppe hinunter und zieht sich dabei eine tödliche Kopfverletzung zu. Der Farbfilm der DEFA hält sich weitgehend an die literarische Vorlage.

Hörspiel

Das bekannteste Hörspiel zu *Unterm Birnbaum* stammt von Günter Eich. Es wurde am 3. September 1951 im Hessischen Rundfunk unter der Regie von Fränze Roloff uraufgeführt. Der Hörverlag hat 2013 eine CD mit dem Hörspiel herausgebracht. Günter Eichs Hörspielfassung stellt eine Bearbeitung des Originaltextes dar und geht zumindest teilweise recht frei mit ihm um.

9. Prüfungsaufgaben mit Lösungshinweisen

Aufgabe 1: Analyse pragmatischer Texte mit weiterführendem Schreibauftrag

a) Fassen Sie die Kernaussagen der unten stehenden Rezension zu Fontanes Kriminalnovelle *Unterm Birnbaum* zusammen und beschreiben Sie anschließend die Argumentationsstruktur.
b) Überprüfen Sie auf der Grundlage Ihrer im Unterricht erworbenen Kenntnisse, ob und inwieweit die Aussagen der Novelle gerecht werden. Formulieren Sie abschließend ein eigenes Urteil zur Kriminalerzählung Fontanes.

Erläuterungen zu den Operatoren:

Zusammenfassen: Inhalte oder Aussagen komprimiert wiedergeben
Beschreiben: Sachverhalte, Situationen, Vorgänge, Merkmale der Figuren sachlich darlegen
Überprüfen: Aussagen/Behauptungen kritisch hinterfragen und ihre Gültigkeit kriterienorientiert und begründet einschätzen
Formulieren: hier im Sinne von: einen Sachverhalt, eine Aussage, eine Figur auf Basis von Kriterien bzw. begründeten Wertmaßstäben einschätzen

Textgrundlage:

»Wenn die Leidenschaften des Hungers (Ehr- oder Geldgeizes) und der Liebe (inkl. des Hasses und der Eifersucht) den ›Helden‹ resp.[1] die ›Heldin‹ dazu bewegen, ein Crimen[2] zu begehen, eine ›Schuld‹ auf sich zu laden, muss wenigstens im deutschen Roman und in der deutschen Novelle die poetische Gerechtigkeit ihres Amtes walten, den Verbrecher vor den irdischen oder himmlischen Richter schleppen, und der Dichter hat eine ›Kriminalgeschichte‹ geschrieben. Fontanes köstliche kleine Erzählung ›Unterm Birnbaum‹ … hat dieselbe Bezeichnung und Aburteilung über sich ergehen lassen müssen. … Seit Eva die Menschheit ums Paradies gebracht hat, fragt man bekanntlich mit Fug und Recht bei dem Forschen nach den Quellen und Wurzeln jedes Verbrechens: ›Où est la femme?‹[3] Fontanes Novelle gibt eins der seltenen Beispiele einer verbrecherischen Handlung, deren Gedanke nur von dem Manne ausgeht. Erst durch seine Überredungskunst und die kluge Einwirkung auf die Schwächen der Frau gelingt es ihm, diese zur Teilnahme an dem schändlichen Werk zu bestimmen. Sie wird seine Tatgenossin, und ihr ferneres Dasein wird durch das Schuldbewusstsein noch viel tiefer und gründlicher verstört als das seine. Eins nur bleibt der Erzähler uns schuldig: er überzeugt uns nicht völlig zum Glauben, dass diese Verführung Frau Ursulas zur Mitwirkung bei der Ausführung des grausigen Vorhabens ihrem dazu entschlossenen Manne, dem Krämer Hradscheck, wirklich gelungen sein könne. Da vermisst man die Einfügung eines Gliedes in der Kette, eines noch fehlenden Motivs. Dass eine Frau wie diese, weil sie Angst vor dem Rückfallen in die einstige Armut hat, sich von ihrem Manne bestimmen lassen sollte, in einen Mord zu willigen und dabei Hilfe zu leisten, will uns schlechterdings nicht einleuchten. Vorher und nach dem Entschluss dagegen entwickelte sich streng folgerichtig und mit zwingender Notwendigkeit eins genau aus dem andern. Die Mord- und Kriminalgeschichte bildet den Kern der Erzählung. Aber es ist nicht nur das Unheimliche, das Grausen der Tat und das Interesse an dem ferneren Schicksal der Täter, was den Leser der Novelle so gefesselt und gebannt hält, dass er das Buch nicht aus der Hand zu legen vermag, bis er zur letzten Seite gelangt ist. Die bewundernswerte Kunst des Erzählens, aber nicht zum Wenigsten auch die des Verschweigens bildet wohl mehr noch die Ursache dieser Wirkung. Dazu kommt die unübertreffliche Zeichnung der märkisch-bäuerlichen Figuren, die echt oderbruchdörfliche Lokalfarbe, die vollendete Malerei von Wetter-, Jahres- und Tageszeitstimmungen, die plastische Klarheit und Anschaulichkeit in den Ortsschilderungen, Gestalten wie die alte Jeschke, der Gensdarm Geelhaar, der Hausknecht Ede, der brave Prediger Eccelius, die Bauern und der Müller des Dorfes, der unglückliche Reisende für Olszewski und Goldschmidt in Warschau – das sind mit verhältnismäßig wenigen Meisterstrichen entworfene Menschenwesen von einer Lebensfülle, einer persönlichen Bestimmtheit und Überzeugungskraft, wie sie auch Menzel[4], Turgenjew[5] und Fritz Reuter[6] den von ihnen gezeichneten nicht in höherem Maße verliehen haben. Um zur vollen Erkenntnis und Würdigung der Komposition dieser Erzählung zu gelangen, lese man sie sofort noch ein zweites Mal. Dann erst wird man sich der ganzen Feinheit der Motivierung, des Aufbaus der Handlung, der Schürzung aller Fäden bewusst und genießt erst ganz die Arbeit des Künstlers, den man beim ersten Lesen – gepackt und beherrscht von der Gewalt des stofflichen Interesses – über seiner Schöpfung fast vergaß.«

Ludwig Pietsch: Rezension zu Theodor Fontane: *Unterm Birnbaum.* In: Theodor Fontane: Romane und Erzählungen in acht Bänden. Bd. 4: Graf Petöfy, Unterm Birnbaum, Cécile. Hrsg. von Peter Goldammer. Berlin und Weimar [3]1984. S. 552–554.

Wort- und Sacherläuterungen:

1 **resp.:** respektive: beziehungsweise
2 **Crimen:** Verbrechen
3 **Où est la femme?:** frz. ›Wo ist die Frau?‹
4 **Menzel:** Wolfgang Menzel: deutscher Dichter (1798–1873)
5 **Turgenjew:** Iwan Turgenjew: russischer Dichter (1818–1883)
6 **Fritz Reuter:** deutscher Dichter (1810–1874)

Lösungshinweise

Zu a)

1. Einleitung: Einleitungs- und Übersichtssatz: Autor, Textsorte, Entstehungszeit, Überleitungssatz zur Analyse

2. Zusammenfassung der Aussagen der Rezension

- Kernaussage: »Die Mord- und Kriminalgeschichte bildet den Kern der Erzählung« und fördert das Interesse des Publikums (Z. 35 f.)
- Unterstützende Aussagen:
  - »Die bewundernswerte Kunst des Erzählens« und »die des Verschweigens« (Z. 41–49) verstärken das Interesse an der Novelle
  - »unübertreffliche« Figuren-Zeichnung der Bauern (Z. 44 f.)
  - die »echt oderbruch-dörfliche Lokalfarbe« (Z. 45 f.)
  - die »vollendete Malerei von Wetter-, Jahres- und Tageszeitstimmungen« (Z. 46 f.)
  - »Klarheit und Anschaulichkeit in den Ortsschilderungen« (Z. 47 f.)
  - die Haupt- und Nebenfiguren (Z. 48–52) sind mit wenigen »Meisterstrichen« (Z. 53) des Autors mit entsprechenden Eigenschaften ausgestattet worden
  - Die »Komposition« (Z. 58) der Novelle ist ›ausgereift‹.

3. Skizzierung der Argumentationsstruktur
   1. Elemente für das Vorliegen einer »Kriminalgeschichte« (Z. 1–9)
   2. Erste Bewertung und Hinweise auf die Besonderheiten der Novelle (Z. 14–22)
   3. Konzeptionelle Schwächen: Fehlen eines glaubwürdigen Motivs Ursels für die Beteiligung am Verbrechen (Z. 22–33)
   4. Die Stärken der Novelle (Z. 33–57)

5. Empfehlung (Z. 57–60)
6. Vorzüge der Struktur der Novelle (Z. 60–66)

4. Überleitungssatz zum zweiten Arbeitsauftrag

Zu b)

1. Überprüfung der Stichhaltigkeit der Aussagen

- Sie müssen die positiven Ansichten des Rezensenten nicht (alle) teilen. Ohnehin dürfte es entscheidend von Ihren Vorerfahrungen abhängen, zu welcher abschließenden Beurteilung Sie gelangen.
- Sie können anderer Meinung bei der Erörterung der Schwächen sein. Vielleicht halten Sie das sich andeutende Motiv Ursels doch für glaubwürdig. Vielleicht entdecken Sie andere Schwächen (Inhalt, Struktur, Sprache) der Novelle, die Sie begründet darlegen sollten. Eine besondere Problematik könnte z. B. die Verwendung des Dialekts darstellen, die den Text für viele schwerer zugänglich machen könnte.

2. Formulieren Sie Ihre eigene Position zur Novelle und begründen Sie sie kurz. Sie verfügen über folgende Möglichkeiten:

- Zustimmung
- Ablehnung
- Synthese

Achten Sie darauf, dass Sie Ihr Urteil begründen. In der Regel geht die Qualität Ihrer Argumentation in die Note ein. Verwenden Sie einen Teil Ihrer Zeit für die Formulierung eines angemessenen Urteils.

Aufgabe 2: Analyse literarischer Texte mit weiterführendem Schreibauftrag

a) Analysieren und interpretieren Sie folgende drei Auszüge aus dem 12. Kapitel von *Unterm Birnbaum*:

1. S. 80, Z. 10 (»Eine Woche war vergangen«) bis S. 80, Z. 15 (»nicht länger zu zweifeln war.«)
2. S. 81, Z. 28 (»Der Justizrat hatte«) bis S. 82, Z. 17 (»vor seinem Hause vorgefahren.«)
3. S. 82, Z. 28 (»Hradscheck war da«) bis S. 84, Z. 10 (»ergehen lassen musste.«)

Ordnen Sie dazu die Handlung zunächst in das Gesamtgeschehen ein und erläutern Sie dann den Verlauf und das Ergebnis der Ermittlungen gegen Abel Hradscheck.

b) Skizzieren Sie mit Ihren eigenen Worten die Predigt des Pastors Eccelius. Stellen Sie die Absichten dar, die Eccelius mit seiner Predigt verfolgt, und beschreiben Sie die Reaktionen der Anwesenden.

Erläuterungen zu den Operatoren:

Analysieren: einen Text als Ganzes oder aspektorientiert unter Wahrung des funktionalen Zusammenhangs von Inhalt, Form und Sprache erschließen und das Ergebnis der Erschließung darlegen

Interpretieren: auf der Grundlage einer Analyse im Ganzen oder aspektorientiert Sinnzusammenhänge erschließen und unter Einbeziehung der Wechselwirkung

zwischen Inhalt, Form und Sprache zu einer schlüssigen (Gesamt-)Deutung gelangen
Einordnen: eine Aussage, einen Text, einen Sachverhalt unter Verwendung von Kontextwissen begründet in einen vorgegebenen Zusammenhang stellen
Skizzieren und **Darstellen:** Inhalte, Probleme, Sachverhalte und deren Zusammenhänge aufzeigen
Beschreiben: Sachverhalte, Situationen, Vorgänge, Merkmale von Figuren sachlich darlegen

Lösungshinweise

Zu a)

1. Einleitung: Einleitungs- und Übersichtssatz: Autor, Textsorte, Zeit der Entstehung, Überleitungssatz zur Einordnung und Skizzierung

2. Einordnung der Handlung des 12. Kapitels in das Gesamtgeschehen und Skizzierung des Verlaufs und der Ergebnisse der Ermittlungen

- Die Hradschecks haben Abels Plan, Szulski zu ermorden, in die Tat umgesetzt. Sie werden von den Dorfbewohnerinnen und -bewohnern verdächtigt, mit dem Verschwinden Szulskis zu tun zu haben.
- Vowinkel verzichtet zunächst – auf Eccelius' Brief hin – auf Ermittlungen, befragt dann aber Abels Angestellte nach Wahrnehmungen in der Mordnacht.
- Die Stimmung im Dorf schlägt um, man solidarisiert sich zum Teil mit Abel Hradscheck.

- Neue Verdachtsmomente führen zu einem Ortstermin im Garten, die Spur erweist sich als falsch.
- Nach der ergebnislosen Prüfung weiterer Spuren wird Abel aus der Haft entlassen.
- *12. Kapitel: Rückblick auf die abschließende Vernehmung und Schilderung der Sonntagspredigt des Pastors*
- Die Verdächtigungen verstummen, im Dorf kehrt Ruhe ein. Dies gilt jedoch nicht für die Hradschecks. Ursel erkrankt und Abel verliert zusehends seine Beherrschung.
- Ursels Schuldgefühle zerrütten ihre Psyche und führen zu ihrem Tod, für den der Pfarrer die Dorfgemeinschaft verantwortlich macht.
- Abel Hradscheck baut sich ein neues Leben auf, scheitert aber am Ende, weil er fürchtet, doch noch als Täter entlarvt zu werden, und zunehmend unüberlegt agiert. Leichtsinnig schließt er sich im eigenen Keller ein, als er dort Szulskis Leiche ausgraben will. Die Ursachen seines Todes können nicht geklärt werden.

3. Kurzzusammenfassung und Überleitungssatz zum zweiten Arbeitsauftrag

Zu b)

1. Skizzierung der Predigt Eccelius':

- Hauptthemen der Predigt sind der Argwohn und die Missgunst insbesondere gegenüber Fremden.
- Von einem Bibelzitat ausgehend, geht Eccelius zu einer Anklage derjenigen über, die den Hradschecks (die er

nicht namentlich erwähnt) mit ihrem Tratsch aus Böswilligkeit oder Leichtsinn geschadet haben.

2. Intentionen des Pfarrers:

- Der Pastor will seinen Gemeindemitgliedern ins Gewissen reden und ihnen die Folgen vor Augen führen, die ihre vermeintlich falschen Verdächtigungen für die Hradschecks hatten.

3. Reaktionen der Anwesenden:

- Reaktionen der Bauern
  - Aufhorchen (S. 83, Z. 7)
  - Kein Mienenspiel (S. 83, Z. 27 f.)
- Unter den anderen Anwesenden:
  - Bewegung« (S. 83, Z. 11), wohl als Unruhe oder Gemurmel zu deuten
- Bei Mutter Jeschke:
  - kaum Regung, leichtes Kopfnicken, das Zustimmung zu den Worten Eccelius' signalisiert (S. 84, Z. 3–5)
  - Beteiligung am Gesang (S. 84, Z. 5 f.)
  - Unbefangenheit, obwohl die Dorfgemeinschaft ihr die alleinige Schuld zuzuschieben scheint (S. 84, Z. 6)
- Bei Line:
  - Verlegenheit (S. 83, Z. 31 – S. 84, Z. 1)
  - Verwünschung ihrer alten Tante (S. 84, Z. 1)

4. Kurze Zusammenfassung aller Untersuchungsergebnisse, wobei eine reine Wiederholung von bereits getroffenen Aussagen vermieden werden sollte. In der oben genannten Aufgabenstellung wird die eigene Positionierung nicht ausdrücklich gefordert, aber in der Regel dennoch von Ihnen erwartet. Fügen Sie deshalb kurz Ihr eigenes begründetes Urteil oder Ihre kritische Stellungnahme hinzu.

Aufgabe 3: Analyse pragmatischer Texte mit weiterführendem Schreibauftrag

a) Lesen Sie die unten stehenden Ausführungen Eda Sagarras zur Figur der Ursel. Fassen Sie die Interpretationsthesen mit Ihren eigenen Worten zusammen. Setzen Sie anschließend die verschiedenen Aussagen in Beziehung zu Fontanes Kriminalnovelle.
b) Überprüfen Sie, ob und inwieweit Sagarras Urteil im letzten Satz, dass »[d]ie Wertung der Tat und der moralischen Ambivalenz in den Gesinnungen der Dorfbewohner [...] durch die einzige reflektierte Gestalt im Werk, [durch] Ursel Hradscheck« geschieht, berechtigt ist. Stellen Sie abschließend Ihre Position zu dieser Interpretationsthese dar.

Erläuterungen zu den Operatoren:

Zusammenfassen: Inhalte oder Aussagen komprimiert wiedergeben
In Beziehung setzen: Zusammenhänge unter vorgege-

benen oder selbst gewählten Gesichtspunkten begründet herstellen

Überprüfen: eine Aussage, eine Problemstellung argumentativ und urteilend abwägen

Textgrundlage:

»Wie Reuter[1] darlegt, konzentriert sich Fontanes Blick am Ende vieler Romane auf die Frau, nicht auf den Mann. *Unterm Birnbaum* gilt neben *Quitt*[2] als eines der wenigen Erzählwerke Fontanes, in denen die Geschichte von Anfang bis zum Schluß aus der Perspektive des Mannes erzählt wird.

Ist das hier tatsächlich der Fall? […] Nur bei ihr [Ursel Hradscheck] kann von einer psychologischen Vertiefung[3] des Charakters im Lauf der Handlung die Rede sein. Sie ist, noch mehr als ihr Mann, von vornherein eine Außenseiterin im Dorf, aber auch deshalb, weil sie es sein will. Denn sie ist eine Frau ›mit Vergangenheit‹, eine Magdalenengestalt[4] also und dazu, wie nach Vermutung der Tschechiner der Franzose und Szulski auch, ›kathol'sch‹. Ursel ist nicht nur Mitwisserin der Mordtat ihres Mannes, sie wird durch ihn – aus existentieller Angst vor der Armut – zur Mittäterschaft geradezu erpreßt. Nach dem Mord findet sie keinen Schlaf mehr und grämt sich darüber bis in den Tod […]. Ursel wächst nach dem Mord zu einer tragischen Gestalt. Das einst ungeliebte Kind, das von ihrem Vater wohl wegen ›eines sittlichen Delikts‹ verstoßen und durch ihren späteren Ehemann ›gerettet‹ wird, muß zusehen, wie ihr alle Kinder wegsterben. Den Verlust versucht sie durch materiellen Besitz aufzuwiegen. Ihr für eine Dorfwirtsfrau viel zu reiches Mobiliar und ihre modische Kleidung werden von der Dorfbevölkerung (mit Recht) als Hochnäsigkeit gesehen und durch Neid und Bosheit bestraft. Wie Cécile[5] im gleichnamigen Werk, mit der sie auch manches gemeinsam hat, leidet Ursel unter ihrer Schuld. Sie kommt nicht von dem Mord los und sucht wie Cécile vergebens Gnade bei ihrer alten Religion. Sie, die ihren Mann vor dem Einzug der ›sieben Teufel‹ ins Haus gewarnt hat, erkrankt […] schwer und stirbt am Vorabend […] [des] 30. 9. Die Wertung der Tat und der moralischen Ambivalenz[6] in den Gesinnungen der Dorfbewohner geschieht also doch: durch die einzige reflektierte Gestalt im Werk, Ursel Hradscheck.«

Eda Sagarra: Unterm Birnbaum. In: Fontane-Handbuch. Hrsg. von Christian Grawe und Helmuth Nürnberger. Stuttgart 2000. S. 562. –

Wort- und Sacherläuterungen:

1 **Reuter:** Hans-Heinrich Reuter: anerkannter Fontane-Experte, der zahlreiche Bücher zu Theodor Fontane verfasst hat

2 ***Quitt:*** Roman Fontanes (entstanden 1885–1889, Ersterscheinung 1890)

3 **psychologische Vertiefung:** Analyse der seelischen Entwicklung der Protagonistin (Motive, Gefühle, Bewusstsein)

4 **Magdalenengestalt:** nach dem Vorbild Maria Magdalenas gestaltet, einer der Begleiterinnen Jesu, die seit dem 6. Jh. n. Chr., abweichend von ihrer Darstellung in

den Evangelien, häufig als Sünderin und Verführerin gedeutet wird

5 **Cécile:** Hauptfigur im gleichnamigen Eheroman Fontanes, die aus Schuldgefühlen Selbstmord begeht

6 **Ambivalenz:** Zwiespältigkeit, Zerrissenheit (hier: zwischen moralisch gutem und schlechtem Handeln)

Lösungshinweise

Zu a)

1. Einleitung: Einleitungs- und Übersichtssatz: Autorin, Textsorte, Zeit der Entstehung, Überleitungssatz zur Analyse

2. Zusammenfassung der Interpretationshypothesen:

- *Unterm Birnbaum* nimmt im Gesamtwerk Fontanes neben *Quitt* eine Sonderstellung ein. Nur diese Novelle und dieser Roman werden laut Sagarra durchgehend aus männlicher Perspektive erzählt.
- Nur die Figur der Ursel Hradscheck erfährt in dem Figurenensemble der Novelle eine psychologische Vertiefung (Beschreibung und Untersuchung ihrer Handlungsmotive, Gefühle und ihres Bewusstseins/Gewissens)
  - Außenseiterin
  - Mitwisserin
  - Mittäterschaft
- Entwicklung zur tragischen Gestalt
  - Verlust der Kinder
  - Leiden unter der Schuld

- Flucht in die Religion
- Fazit: Ursel Hradscheck steht für die Zerrissenheit der Dorfgemeinschaft zwischen moralisch gutem und schlechtem Handeln:

3. Überleitungssatz zum 2. Arbeitsauftrag

Zu b)

1. Überprüfung der Richtigkeit der Interpretationshypothese

- Ursel Hradscheck zeigt sich tatsächlich hin- und hergerissen zwischen gutem und schlechtem Handeln: Sie lässt sich zur Mithilfe am Mord verleiten, gleichzeitig scheut sie davor zurück, bereut ihn später zutiefst.
- Sie rät Abel vom Mord ab und leistet Widerstand gegen seinen Plan (S. 26, Z. 18).
- Schließlich gibt sie unter dem Druck Abels (»Daran halt ich sie; damit zwing ich sie. Sie muss wollen.«, S. 19, Z. 19 f.) und aus Furcht vor der Armut nach.
- Schon vor der Ausführung der Tat plagen sie Schuldgefühle und es zeigen sich erste körperliche Reaktionen (S. 34).
- Ihre Schuldgefühle lassen sie altern (S. 81, Z. 25).
- Sie sucht nach einer Möglichkeit, sich beim Pfarrer auszusprechen (S. 97), und sorgt sich verstärkt um ihr Seelenheil. Dieses will sie sich durch Seelenmessen für Szulski erkaufen (S. 102, Z. 18 – S. 103, Z. 1).
- Ihr körperlicher Verfall setzt sich verstärkt fort (S. 101, Z. 15–17) und führt zu ihrem Tod (S. 103, Z. 31).

Diese Textstellen unterstreichen, dass Ursel Hradscheck zwar ihre Mittäterschaft nicht leugnen kann, dass sie sie aber bereut und ein schlechtes Gewissen wegen ihrer moralisch schlechten Handlungen entwickelt.

2. Eigene Position

- Es wird erwartet, dass Sie ein ausreichend ausgewogenes und sorgfältig begründetes Urteil formulieren.

10. Literaturhinweise/Medienempfehlungen

Einzelausgabe

Theodor Fontane: Unterm Birnbaum. Hrsg. von Philipp Böttcher. Stuttgart: Reclam, 2021. (Reclam XL. Text und Kontext. 16116.) – *Nach dieser Ausgabe wird im vorliegenden Lektüreschlüssel zitiert.*

Werkausgabe

Theodor Fontane: Romane und Erzählungen in acht Bänden. Hrsg. von Peter Goldammer [u. a.]. Bd. 4: Graf Petöfy. Unterm Birnbaum. Cécile. Bearb. von Gotthard Erler [u. a.]. Berlin/Weimar [2]1973.

Theodor Fontane: Das erzählerische Werk. Bd. 8: Unterm Birnbaum. Editorische Betreuung durch Christine Hehle. Berlin und Weimar 1997. (Große Brandenburger Ausgabe. Hrsg. von Gotthard Erler.)

Zur Biografie

Cord Beintmann: Theodor Fontane. München 1998. (dtv porträt. 31003.) – *Für Schülerinnen und Schüler sehr gut geeignete Biografie mit informativen Texten und zahlreichen Bildern. Oft werden hilfreiche Zusatzinformationen im Fußnotenbereich angeboten. Die kommentierte Bibliografie im Anhang eignet sich für die (häusliche) Lektüre der Schülerinnen und Schüler.*

Susanne Kleinpaß: Theodor Fontane. Marburg 2012. (Literatur Kompakt. 2.) – *Interessanter Einstieg mit einer Darstellung zur Aktualität Theodor Fontanes. Bietet einen Überblick zum ›Thema‹ Fontane: Zeittafel, Leben und Werk (mit Karten), Hintergründe, Wirkungen.*

Edda Ziegler / Gotthard Erler: Theodor Fontane. Lebensraum und Phantasiewelt. Eine Biographie. Berlin [2]1997. – *Immer noch gut lesbare Darstellung zu allen Bereichen des Autors: Leben und Werk. Bilder ergänzen oft die Texte, dienen nicht nur zur Illustration.*

Zum Gesamtwerk des Autors

Fontane-Handbuch. Hrsg. von Christian Grawe und Helmuth Nürnberger. Stuttgart 2000. – *Bietet Hintergrundinformationen zu Fontane und seiner Zeit, zu Fontanes Poetik, zu den Werken (Erzählwerk, Gedichtwerk, autobiografische Schriften und Zeugnisse, das journalistische Werk) und zur Wirkung. Sehr umfangreich, wohl eher für Lehrerinnen und Lehrer geeignet.*

Katharina Grätz: Alles kommt auf die Beleuchtung an. Theodor Fontane – Leben und Werk. Stuttgart 2015. – *Die Autorin bietet Informationen zum Leben Fontanes, zu seiner Romanpoetik, zum erzählerischen Werk sowie zur Lyrik und den Balladen. Gute Grundlage für die Vorbereitung auf Referate und die (Abitur-)Prüfung.*

Zu *Unterm Birnbaum*

Theodor Fontane / Birgit Weyhe: *Unterm Birnbaum.* Hamburg 2019. (Die Unheimlichen.) – *Stark gekürzte Adaption des Werks als Graphic Novel.*

Filme

DVD: Unterm Birnbaum. Farbfilm der DEFA aus dem Jahr 1973. Regie: Ralf Kirsten. ICESTORM Entertainment GmbH 2004. – *Noch im Handel erhältliche DVD mit 86 Minuten Spielzeit. Bekannte und gut aufgelegte Schauspielerinnen und Schauspieler. Setzt auf die Darstellung der sozialen Verhältnisse um 1830. Wird für die filmische Umsetzung ebenso gelobt wie für Zeichnung der Charaktere. Von der Kritik als etwas langatmig beurteilt.*

Fernsehen: Unterm Birnbaum. Produktion des ZDF in Zusammenarbeit mit ARTE aus dem Jahr 2019. Regie: Uli Edel. – *Eine zum 200. Geburtstag Fontanes am 30. Dezember 2019 ausgestrahlte, hochkarätig besetzte Fernsehadaption; die Handlung wurde in die Gegenwart versetzt. Adaptierte, aber durchaus empfehlenswerte Verfilmung, die den Schülerinnen und Schülern weitere Aufschlüsse über die Novelle zu bieten vermag.*

Hörspiel

Theodor Fontane: Unterm Birnbaum. Hörspiel mit Michael Konstantinow, Herta Stiegler-Schmähl [u. a.]. Der Audio Verlag 2014. – *Hörspiel mit bekannten Interpretinnen und Interpreten.*

Theodor Fontane: Unterm Birnbaum. In der Bearbeitung von Günter Eich aus dem Jahr 1961. Koproduktion des BR und NDR. Regie: Fritz Schröder-Jahn. Der Hörverlag 2013. – *Sprecherinnen und Sprecher sind bekannte Schauspielende, die leider z. T. bereits verstorben sind. Im Handel erhältlich; die Anschaffung kann empfohlen werden.*

Theater

Unterm Birnbaum wurde in der jüngsten Vergangenheit von verschiedenen Theatern als Bühnenstück adaptiert:
2018: Theater der Immoralisten in Freiburg i. Br.
2019: Theater am Rand in Oderaue

Anlässlich des Fontane-Jahres 2019 gab es an vielen Orten Theaterinszenierungen oder (szenische) Lesungen. Theaterpädagogisches Material lag leider bis zum Abschluss des Manuskripts nicht vor.

Internetadressen

www.fontanearchiv.de – *Offizielle Website des Theodor-Fontane-Archivs in Potsdam. Hilft den Leserinnen und Lesern in allen Fragen zu Fontanes Person, seinem Werk, seiner Zeit und seiner Rezeption weiter. Es gibt darüber hinaus Informationen zu den Sammlungsbeständen, Projekten und Veranstaltungen.*

www.fontane-gesellschaft.de – *Offizielle Website der Theodor Fontane Gesellschaft in Neuruppin. Die Website hält biografische und bibliografische Informationen zu Theodor Fontane und seinem Werk bereit. Unter dem Link »Über Theodor Fontane« findet man zwei Einträge: »Chronik« und »Werk nach 1878«. Hinter ersterem verbirgt sich eine sehr ausführliche Biografie, die auch Bildmaterial zu Fontanes Leben zur Verfügung stellt. Letzterer bietet eine bebilderte Übersicht über seine Romane.*

11. Zentrale Begriffe und Definitionen

Aberglaube: Glaube an übernatürliche Kräfte, insbesondere an solche, die Glück oder Unglück bringen. Unter den Einwohnerinnen und Einwohnern von Tschechin ist er weit verbreitet: Die Angestellten der Hradschecks glauben an den Spuk, Abel selbst hofft, sich mittels Farnkrautsamen unsichtbar machen zu können. Als Verbreiterin dieser Annahmen kann Frau Jeschke gelten.

➤ S. 9, 25, 27, 34 f., 44, 78

Brouillon: frz. ›Skizze, Entwurf eines Textes‹, Fontane verwendet dieses Wort sehr häufig als Bezeichnung für eine Skizze oder eine erste Textfassung, um den Entwurfszustand eines Werkes zu betonen.

➤ S. 65

Detektivgeschichte: engl. *detect* ›aufdecken‹, anglo-amerikanisch geprägte Form einer Kriminalgeschichte, die die schrittweise Aufklärung und Aufdeckung einer Tat durch einen privaten oder professionellen Ermittler, den Detektiv, schildert.

➤ S. 11, 57, 70–73

Dialekt: innerhalb einer Region überwiegend gesprochene Sprachvarietät (hier das Platt- oder Niederdeutsche), die bei Fontane vor allem auch zur Kennzeichnung der Milieuzugehörigkeit der Sprecherinnen und Sprecher dient.

➤ S. 43, 63, 108, 119

Erzähler: Man unterscheidet zwischen dem auktorialen (allwissenden) Erzähler, dem personalen (figuralen) Erzähler, dem neutralen Erzähler und dem Ich-Erzähler.

➤ S. 34 f., 57, 61, 93, 115

Erzähltechnik: Unter diesem Begriff fasst man die Aspekte Erzählform (Er-/Sie- oder Ich-Erzähler), -verhalten (auktorial, personal oder neutral), -haltung (ironisch, humorvoll, ...), -perspektive (Innen- und Außenperspektive) und Zeitgestaltung (Zeitraffung, Zeitdeckung und Zeitdehnung) sowie die Nutzung von Figurenrede (direkte/berichtete/erlebte Rede, innerer Monolog) und Erzählerrede (Bericht, Kommentar, Beschreibung) zusammen. Auch wie Elemente der fiktiven Welt beschrieben werden (Räume beispielsweise können je nach Beschreibungsweise die Stimmungen der Figuren widerspiegeln, Aufschluss über deren soziale Verhältnisse geben, als symbolische Räume abstrakte Themen des Textes veranschaulichen usw.), ist ein wichtiger Aspekt der Erzähltechnik.

➤ S. 61 f., 111

Gesellschaftsroman: Die meisten Werke Fontanes können als Gesellschaftsromane bezeichnet werden. In ihnen übt er heftige Kritik an den von ihm wahrgenommenen gesellschaftlichen Fehlentwicklungen Preußens bzw. des Deutschen Reiches unter Wilhelm I. Diese Gattung hat dem Autor in Deutschland und Europa zu Ruhm verholfen.

➤ S. 8, 99, 101

Konversion: bezeichnet den Übertritt von einer Glaubensgemeinschaft zu einer anderen. Ursel wechselt vom Katholizismus zum Protestantismus, ohne sich jedoch gänzlich von ihren katholischen Wurzeln zu lösen. Hradscheck berichtet von ihren »katholische[n] Rückfälle[n]« (S. 109). Sie will Seelenmessen für Szulski lesen lassen – eine typisch katholische Tradition.

➤ S. 51, 91

Kriminalerzählung: Sammelbezeichnung für ein literarisches Prosawerk, das die Geschichte eines Verbrechens schildert. Umgangssprachlich wird oft von einem Krimi gesprochen. Die Merkmale dieses Genres sind nicht exakt zu bestimmen, so dass eine klare Abgrenzung von der ➤Detektivgeschichte nicht möglich ist. Ein zentraler Unterschied allerdings ist, dass die Kriminalerzählung zunächst einen Tathergang schildert und meist chronologisch verfährt, während in Detektivgeschichten die rückblickende Aufklärung eines rätselhaften Falles im Mittelpunkt steht. Fontanes Novelle weist Elemente beider Genres auf.

➤ S. 11 f., 70–73, 86, 110

Leserlenkung: bezeichnet die Strategie des Autors, sein Publikum durch verschiedene künstlerische Mittel (z. B.: Intertextualität, Leerstellen, Konnotationen usw.) in seinem Leseprozess zu beeinflussen. So erzeugt Fontane etwa durch Vorenthaltung und Verhüllungen bestimmter Handlungselemente Spannung.

➤ S. 57, 61

Modelung: so bezeichnet Fontane den künstlerischen Prozess in dem reale ›Rohdaten‹ zu einem fiktionalen Werk verarbeitet werden. Die Modelung stellt für den Autor eine wichtige Gestaltungskompetenz von Künstlerinnen und Künstlern dar.

➤ S. 103

Novelle: Goethe geht in seiner Definition davon aus, dass die Novelle eine »unerhörte [neue] Begebenheit« schildert. Ihre Protagonistinnen und Protagonisten ändern sich in der Regel wenig. Die Handlung bleibt zumeist realistisch;

allerdings können unerklärbare Zusammenhänge das Leben der Hauptfiguren bestimmen. Häufig enthält sie auch einen Wendepunkt, der der Handlung einen gänzlich anderen Verlauf verleiht.

➤ S. 55

Realismus: wird hier einerseits als künstlerisches Prinzip – das der möglichst genauen Widerspiegelung der Wirklichkeit – und andererseits zur Bezeichnung einer Epoche der deutschen und europäischen Kunst- und Literaturgeschichte benutzt. Im ersten Fall orientieren sich die Künstlerinnen und Künstler an der realen Grundlage für das künstlerisch Darzustellende. Nach Fontane müssen sie diese dann künstlerisch gestalten, wobei sie alles Hässliche und Falsche ausschließen sollten. Im zweiten Fall bezeichnet der Begriff eine künstlerische Strömung im Zeitraum von etwa 1848 bis circa 1900. Dabei kommt es um die Jahrhundertwende zu einer Überlagerung verschiedener Epochen und ihrer Kunst- und Schreibstile. Der Naturalismus folgt unmittelbar auf den Realismus. Er geht über den Realismus hinaus, weil er gänzlich auf die ➤ Verklärung verzichtet und sich auf die Darstellung der ›nackten‹ Wirklichkeit konzentriert. Zahlreiche Vertreterinnen und Vertreter des Naturalismus schätzten Fontanes späte Romane.

➤ S. 102 f.

Schuld: Bei Schuld handelt es sich um einen mehrdeutigen Begriff. In *Unterm Birnbaum* ist Schuld sowohl im Sinne eines zu zahlenden Geldbetrags als auch im Sinne einer Verantwortlichkeit für ein Verbrechen von Relevanz: Abel hat zum einen Geldschulden, die er begleichen soll, zum anderen hat er sich (mindestens) eines Mordes schuldig gemacht. Er hat – wie Ursel – gegen die Moral (gesellschaftliche Normen) und die kirchlichen Vorschriften (Gebote) sowie gegen bestehende Rechtsgrundsätze (Gesetze) verstoßen.

S. 10, 115, 126 f.

Spuk: vom Niederdeutschen *spök* oder *spoek*, bezeichnet eine geisterhafte Erscheinung, die (vor allem bei abergläubischen oder naiven Personen) Angst auslöst. Die alte Jeschke benutzt den »Spuk« (S. 85), um bei Ede Angst hervorzurufen. Im Gespräch mit Abel entdeckt sie, dass die Idee eines Spuks bei ihm eine Beklemmung auslöst, und verfolgt mit ihrer ungenauen Antwort auf Abels Erkundigungen dazu erfolgreich ihr Ziel, Abels Selbstsicherheit zu erschüttern.

➤ S. 14, 25 f., 34 f., 42, 44, 85

Verklärung: künstlerisches Prinzip Theodor Fontanes. Er bezeichnet die künstlerische ›Bearbeitung‹ des realen Geschehens durch die Autorinnen und Autoren als Verklärung. Sie sollen das ›Typische‹ am realen Geschehen herausarbeiten, ohne die Wirklichkeit zu verzerren.

➤ S. 103